明治仏教史概説

明治仏教史概説　廃仏毀釈とその後の再生

明治仏教史　土屋詮教 著
明治仏教史の問題（抄）　辻善之助 著

書肆心水

明治仏教史概説　目次

明治仏教史　土屋詮教 著（東京帝大仏教青年会編）

明治仏教史の問題（抄）　辻善之助 著

第一題　神仏分離と廃仏毀釈　183

明治仏教史概説

廃仏毀釈とその後の再生

凡例

一、本書は、土屋詮教著『明治仏教史』（東京帝大仏教青年会編、一九三九年、三省堂刊行）の全文と、辻善之助著『明治仏教史の問題』（一九四九年、立文書院刊行）の第一題を合冊にしたものである。

一、地の文では原則として新漢字・新仮名遣いで表記した。「拾」「廿」「卅」は旧漢字ではないが便宜的に「十」「二十」「三十」に置き換えて表記した。引用文か地の文かが曖昧な場合は地の文として扱った。

一、現今平仮名表記の方が一般的と考えられるものは平仮名に置き換えて表記した（例「併し」→「しかし」）。

一、送り仮名を加減したところがある（例「因に」→「因みに」）。

一、踊り字（繰り返し記号）は「々」だけを使用し、二の字点は「々」に置き換え、その他のものは文字に置き換えた。

一、読み仮名ルビは取捨および付加した。

一、些細な表記不統一はそのままに表記した（例「探険」「探検」）。

一、〔　〕括りの注記は本書刊行所によるものである。

一、本書刊行所による「ママ」の注記は括弧に入れずに表記して元本にある「ママ」の注記と区別した。

明治仏教史

土屋詮教 著

序

明治維新の大変革から、大正の世界大戦期を経て、昭和の躍進日本、東亜新建設の現代に至るまで、最近世約七十有余年間は、日本文化史の最も複雑であり、変化あり、価値あり、興味ある時代で、我が国の急速なる発達進歩を実現するに至ったことは、ここに贅言する迄もないのである。政治に、経済に、教育に、軍事に、交通に、産業に、学術に、技芸に、あらゆる方面の進展を遂げた。

この時代における宗教界は非常なる大波瀾を観たので、神、儒、仏、基、その他種々の教宗派が、最初は互に破邪顕正を唱道し、それが信教自由の国憲に基き、人文社会各方面との関係が錯綜し、且つ変遷が急激で、起伏、消長、興廃、盛衰、これ程史的価値のあったことはない。なかんずく千数百年来我が国民の精神文化に与った仏教は、明治初年一時危機に瀕し、各宗教団、寺院、及びこれを伝承せる僧侶は、ほとんど破壊撲滅の憂き目に遭遇した。

けれども過去、現在、未来の三世に通じた大道を説いた四諦八正道をはじめ、大小二乗の仏教真理は、一部の偏見者によって絶滅し、解消し得るものではなかった。しかし安逸因襲に浸っていた各宗の僧侶は、激烈な政治改革の打撃を被ったのであるが、遂には仏教教理の中に国民の要求せる光明を、先ず識者間に認められ、有徳の教団人と、外護者との自覚と擁護とによって、仏教は欽明天皇の朝、仏像経論が日本に伝来してから、極東文化の母として、価値あったことを認め、むしろ国家がこれを保護し、改善し、興隆するこそ、学問上からも、芸術上からも、国家、社会、家庭における物心両面から見て、世界各国に誇るべきものであることが明瞭となった。けだしこれには教界人の覚醒、先覚大徳の奮闘的言論行動が与って力あった。更に欧米の日本文化研究家から暗示を得て、俄然頽勢を挽回することが出来たばかりでなく、精神文化の枢要な地位を占むるに至ったと謂うことが出来る。

斯く興味ある明治仏教史を始め、これに継ぐ大正、昭和、最近世の仏教の変遷を成るべく簡明に叙し、各時期の重要なる事実と変遷との概要を、容易に把握し得るように努めた。そこで幸いにこの非常時に当り、過去の日本史実により、教団として、仏教徒として、将来東亜の新建設に、如何なる役割をなすべきか、はた又国家が、社会が、個人が、如何なる要望を以て仏教に対処すべきか、その参考資料ともならば、本懐とする所である。

昭和十四年十一月

紀要閣において

土屋　詮教

七仏通誡偈

諸《ノ》悪《ハ》莫《レ》レ作《スコト》、衆《ノ》善《ハ》奉行《セヨ》、自《ラ》浄《クス》二其《ノ》意《ヲ》一、是《レ》諸仏《ノ》教《ナリ》。

大無量寿経言

修《メ》レ己《ヲ》潔《クシ》レ体《ヲ》、洗二除《シ》心苦《ヲ》一、言行忠信《ニシテ》、表裏相応《ス》。

第一章　神仏判然廃仏毀釈の時期（明治元年より同十年に至る約十年間）

仏陀の宣説した高遠なる宗教がインドに発生し、支那、三韓を経て欽明天皇十三年十月、我が朝に伝来してから、大日本帝国固有の民族性と調和し、精神的にも物質的にも、一般社会生活に極めて重要な機構を保持して来たのである。そして飛鳥、奈良、平安、鎌倉、室町、戦国時代を経て、江戸時代三百年の長い歳月には、仏教教団の因襲による弊風が極度に達し、三宝（仏、法、僧）の一として尊敬せらるべき僧侶の多くが、堕落、安逸、破戒の状態にあったことは、史乗に徴して明瞭な事実で、これが江戸時代末の排仏思想より、俄然明治は初年における廃仏毀釈の第一原因となった。それからかかる僧侶の弊風や、迷信や、権勢やに対し、徳川末期から国学家、儒者、神道家等の攻撃論が第二原因となり、何時かは爆発すべき機運が潜んでいたのである。けれども一面に朝廷、幕府、諸藩とも、国家を危うすると予想したキリシタン宗門伝播を防禦する政策として、仏教諸宗に対し、それぞれ大小厚薄はあるが、これを優遇し、多数の檀家、信徒、土地及び大小伽藍を擁して、伝統的に神社仏閣における僧侶の権勢は、一面地方人民の上に御用役人たる観を呈した程であった、それが尊皇攘夷となり、王政維新となった政治的大変革に遭って、その枢機に参画した国学家、儒者、神道家により、祭政一致の見地から、従来神社と仏寺とは混淆し、神仏一体の神国であり、大乗仏教教義より宣説した行基や、空海や、最澄やなどの唱えた、本地垂迹説や、両部（金剛界、胎蔵界）神道、又は山王一実神道等の教理は、これを空虚の妄説と認識され、これが第三原因となって、遂に神仏判然の制裁となり、神社を支配して来た社僧を退け、寺院を廃合し、僧侶を帰俗せしめ、又は仏像仏具を破棄するに至った。こうした原因から、恰も欧洲に行われた偶像破壊《アイコノクラスチックディスタバンス》に等しい廃仏毀釈の大鉄槌を被って、金襴緞子の袈裟法衣《けさほうえ》を着て、殿堂伽藍に安住していた僧侶達は、愕然として長夜の夢から覚醒したのが、即ちこの神仏判然廃仏毀釈の時期である。

第一節　神仏判然の御沙汰と排仏

明治維新徳川幕府の大政奉還により、神武天皇肇国の法に準じ、王政復古廃藩置県となり、四海一統の大変革が行われた。そこで政府は岩倉具視の顧問であった玉松操（侍従山本公弘の長子で、幼時山城醍醐寺に入って僧となり、猶海と称して大僧都法印に任ぜられたが、僧律改革を唱えて衆信と議合わず、還俗した大国隆正の門人）等の献策により、中古から神祇祭祀を軌範とし、仏教の教義によりこれを宣説奉行し来たった諸神、諸仏の祭祀式典（寺社奉行のもとで、別当社僧が支配した特典）を、ことごとく彼等の手から神祇官の手に収める政策が行わるることとなったのである。

天地神明に対する明治天皇の聖慮は、『古事記』『日本書紀』等による日本神代史の皇祖天照大神を始め、天神地祇に祭政一致を誓わせられたものであったが、この国是によるものとして明治元年三月十三日には次の布告が発せられた。

此度　王政復古、神武創業ノ始ニ被レ為レ基、諸事御一新、祭政一致之御制度ニ御回復被レ遊候ニ付テハ、先第一神祇官再興御造立ノ上、追々諸祭奠モ可レ被レ為レ興儀、被二仰出一候。依テ此旨五畿七道諸国ニ布告シ、往古ニ立帰リ、諸家執奏配下ノ儀ハ被レ止、普ク天下ノ諸神神主禰宜《ねぎ》祝《はふり》神部ニ至迄、向後右神祇官附属ニ被二仰渡一候間、官位ヲ初、諸事万端同官へ願出候様可二相心得一候事。

但尚追々諸社御取調、並諸祭奠ノ儀モ可レ被二仰出一候得共、差向急務ノ儀有レ之候者ハ可二訴出一候事。

かくして決河の勢いで、国中の神社や神官を、ことごとく神祇事務局に属せしめ、同十七日には社僧禁止の達令を、神祇事務局より諸社へ発した。

神祇事務局ヨリ諸社へ達　元年三月十七日

今般王政復古、旧弊御一洗被レ為レ在候ニ付、諸国大小ノ神社ニ於テ、僧形ニテ別当或ハ社僧抔《など》ト相唱ヘ候輩ハ、復飾被二仰出一候、若シ復飾ノ儀無二余儀一差支有レ之之分ハ、可二申出一候。仍テ此段可二相心得一候事。

但別当社僧ノ輩復飾ノ上ハ、是迄ノ僧位僧官返上勿論ニ候。官位ノ儀ハ追テ御沙汰可レ被レ為レ在候間、当今ノ処、衣服ハ浄衣ニテ勤仕可レ致候事。

右ノ通相心得、致二復飾一候面々ハ、当局ヘ届出可レ申者也。

そこで地方により神社の別当、或は社僧を復飾還俗せしめることとなり、同二十八日にはいわゆる神仏判然の御沙汰と称する布告を見るに至った。

神祇事務局達　元年三月二十八日

一　中古以来、某権現或ハ牛頭天王之類其外仏語ヲ以神号ニ相称候神社不レ少候。何レモ其神社之由緒委細ニ書付、早々可二申出一候事。

但勅祭之神社　御宸翰　勅額等有レ之候向ハ、是又可二伺出一、其上ニテ、御沙汰可レ有レ之候、其余ノ社ハ、裁判、鎮台、領主、支配頭等ヘ可二申出一候事。

一　仏像ヲ以神体ト致候神社ハ、以来相改可レ申候事。

附　本地抔《など》ト唱ヘ、仏像ヲ社前ニ掛、或ハ鰐口、梵鐘、仏具等之類差置候分ハ、早々取除キ可レ申事。

右之通被二仰出一候事。

即ち権現、明神、菩薩以下の仏教に因める神号を撤去せしめ、両部神社から本地の仏体を除き、鰐口、梵鐘、仏具等の類一切社内に置くことを禁ずべしと命じた。そしてこれ等排仏の挙を敢行したのは神道家と儒者と国学家とであったが、当時主に神祇官の枢機に与ったのは、復古神道派の系統に属した者で、その画策が与って力あり、従来別当、社僧の下風に立った神職は時到れりとなし、仏像、仏具、経巻の類を取り出して或は破毀し、或は焼却し、狼藉を極め、伊勢、鹿島神領内、隠岐島、鹿児島藩領内の如き、完全に廃仏毀釈を実行したのである。而して当時何等信仰心なく、単に外形社僧であった輩は、唯々諾々として彼等の処置に従って、仏教の関係から離脱し、この機に乗じて自由な世俗の生活を営もうとしたものも少くなかったのである。

これに関し政府の一部では、僧侶と犬猿ただならない社人に利用さるる実状に驚いた。殊に日吉《ひえ》神社司生源寺樹下茂国《じゅげしげくに》等が、日吉神社の本体を撤去し、仏具を焼却する等の挙に出で、又諸国辺《へん》陬《すう》の地でも、すこぶる乱暴の所業に出でんとしたので、同年四月十日次の布告が発せられ、この極端なる排仏の暴行を戒飭した。

諸国大小ノ神社中、仏像ヲ以テ神体ト致シ、又ハ本地抔《など》ト唱へ、仏像ヲ社前ニ掛、或ハ鰐口、梵鐘、仏具等差置候分ハ、早々取除相改可レ申旨、過日被二仰出一候。然ル処、旧来社人僧侶不二相善一、氷炭ノ如ク候ニ付、今日ニ至リ社人共俄ニ威権ヲ得、陽ニ御趣意ト称シ、実ハ私憤ヲ霽《はら》シ候様ノ所業出来候テハ、御政道ノ妨ヲ生シ候而已《のみ》ナラス、紛擾ヲ引起可㆑申ハ必然ニ候。左様相成候テハ、実ニ不㆓相済㆒儀ニ付、厚ク令㆓顧慮㆒緩急宜ヲ考へ、穏ニ可㆓取扱㆒ハ勿論、僧侶共ニ至リ候テモ、生業ノ道ヲ不㆑失、益《ますます》国家之御用相立候様、精々可㆓心掛㆒候。且神社中ニ有㆑之候仏像仏具等取除候処分タリトモ、一一取計向伺出、御差図可㆑受候、若以来心得違致シ、粗暴ノ振舞等於㆑有㆑之ハ、屹度曲事可㆑被㆓仰付㆒候事。

　但勅祭之神社、御宸翰、勅額等有㆑之向ハ、伺出候上、御沙汰可㆑有㆑之、其余ノ社ハ裁判所、鎮台、領主、地頭等へ委細可㆓申出㆒事。

これによりやや排仏は緩和されたのである。次に閏四月四日太政官達で次の御沙汰が発せられた。

今般諸国大小之神社ニオイテ、神仏混淆之儀ハ御廃止ニ相成候ニ付、別当社僧之輩ハ、還俗之上、神主社人等之称号ニ相転、神道ヲ以勤仕可㆑致候。若亦無㆑拠差支有㆑之、且ハ仏教信仰ニテ還俗之儀不得心之輩ハ、神勤相止、立退可㆑申候事。

　但還俗之者ハ、僧位僧官返上勿論ニ候。官位之儀ハ追テ御沙汰可㆑有㆑之候間、当今之処、衣服ハ風折《かざおり》烏帽子《えぼし》、浄衣、白差貫《さしぬき》著用勤仕可㆑致候事。

是迄神職相勤候者ト、席順之儀ハ、夫々伺出可㆑申候、其上御取調ニテ、御沙汰可㆑有㆑之候事。

同月寺院住職任免は、総て太政官代に願い出でしめ、又本山末寺の宗門国郡寺号等を調査し届出でしめた。

これにより神仏判然の実を明らかにし、従来神儒仏の三教が、ほとんど一体の形をなしていたものが、唯一神道を採用して儒仏を除き、特に仏教に対し消極的ではあったが、排仏の端緒を肇めたものである。（因みに排仏と廃仏との別は、仏教を主義、思想上、排斥するより排仏とし、更に実行上、仏寺、経巻等を廃毀するより、廃仏毀釈と云うに至ったのである。）

同年門跡地の法親王を還俗せしめ、公卿の子弟で僧となるを禁じ、十月十八日法華宗諸本山へ令して、三十番神（法華守護神にて毎月三十日更替して守護する神祇）の称を廃せしめ、十界曼陀羅に天照皇大神、八幡大神を配祠するを禁じた。明治二年四月官制を改めて太政官に民部、大蔵、兵部、宮内、外務の六省を置き神祇官を以て太政官の上に居らしむるに至ったから、従来寺院僧侶の特権とした宗教制度は自然廃せられ、その衣食に安んじていた寺禄、朱印、黒印等の寺領をも没収せらるるに至った。これに反して神主禰宜等はことごとくこの神祇官に附属させ、仏教各宗僧侶等は民部省の寺院寮所轄となったのである。それから二年九月朝廷では、宣教使を置き惟神《かんながら》の道を以て天下に布教することとなり、四年五月、従来京都の皇宮中に安置せる仏像、仏具の類は、ことごとく他へ移さしめ、又葬礼も神祇祭祀の形式に改めさせられ、一千有余年間、我が歴朝の御採用あらせられた御中陰、七七日の御仏事なども、十日祭、二十日祭ないし五十日祭などといえる儀を定められた。

当時叡山坂本の日吉山王社始め七社、山城の石清水八幡、豊前宇佐、筑前筥崎《はこざき》の宮、信濃諏訪神社等の分離に際し、その乱暴狼藉を極めた事跡の大要は次に叙述せる如く、実に時の大官さえ、意外の暴挙に驚き狼狽したことは、その実例がまぎれなく物語っている。これ等は他の神仏分離に関する歴史的事実と共に、ほとんど細大洩らさず、村上専精、辻善之助、鷲尾順敬三博士の共編にかかる『明治維新神仏分離史料』上中下三巻に蒐集され、本史もまた大体これに拠ったのである。

日光で東照宮と二荒山とが、輪王寺より独立するに当り、護光院彦坂諶厚は一山の総代となって上京し、社寺裁判所について、神仏分離すべからざる理由を陳べ、強いて行わば分離が却って混淆となるべき事情を訴えたが容れられなかった。それから遅延して四年正月、いよいよ分離実行の官命下り、堂塔総て満願寺へ移転計画を立てられたが、多数の日光町民反対し、芝増上寺の例により本地堂以下据置を請願延期するに至った。九年六月明治天皇の東北御巡幸あり、その際満願寺は行在所と定められ、木戸孝允これに従い、三仏堂の破壊せらるるを実見して、貴重なる旧物古蹟の絶滅に帰するを慨嘆せられたのである。然るにたまたま日光町民来たり、公に据置きを歎願したので保存に尽力し、天皇は御手許金三千円を賜り、三仏堂移転旧観を失わざる様にとの恩命を蒙るに至ったのは、けだし当時廃仏行動を防禦するため如何に苦心したか、又明治天皇の畏き聖慮の程を、有り難く拝し奉る一例として見るべきである。

第二節　寺院内神仏別置と合寺廃寺

神社より社僧を排斥し、同時に仏教関係のものを判別分離したと同じく、寺院内における神社関係のものを別置させられた。二年二月橋本実梁は、伊勢神領の寺院を廃毀し、同年四月七日に、知恩院日鑑に増上寺内の神社取り払い仰せ出されたとの報告があったので、即ち安国殿は分離して村社となり、別当は復飾して神官となった。同鎮守十二社を一社に合祀し、十一社は廃社の形式となった。かくの如くして寺院の鎮守等は、ことごとく撤去したのである。上野寛永寺でも、三年三月十五日、東京府から一山の神社関係の建築物を寛永寺に下附し、至急撤去すべしとの命により、一山協議の上撤去し、中には建築物を入札によって売り払うが如き有様であった。四年二月凌雲院前大僧正範海が、東照大権現を安国院殿と改称し、仏教の儀式によって保存せんことを東京府に出願し、許可せられず、同六年八月二日府社として、仏教関係の器具、装飾を撤去し、徳川家霊屋掛に全部引き継ぎ落着したのである。

又明治元年十一月寛永寺附属不忍池の生池《しょうち》弁才天堂も、神社に属すべきものとして、大総督府ではこれを破壊しようとしたが、当時山内の養寿院行海が生池院詰であったから、これを仏教所属という説明をした。所が鳥居があるから神社なりと主張されたので、結局数年後に行海は自ら『金光明経』を持参して弁才天の説明をなし、鳥居を撤去して弁才天堂はこれを保存することが出来た。

とにかくかくの如き有様で神仏何れに属すべきか、素性判然せざる権現等につき、牽強附会なる主張により、争論のあった例が少くない。ここに詳細の経緯を一々叙することは出来ないが、仏像仏具等を撤去又は破毀し、復飾を強制された実例の概略を記述して、如何に排仏の気勢が激甚であったかを推測する資とする。

羽黒権現は出羽神社　明治三年に酒田の民政局では、東叡山寛永寺の末寺であった羽前の羽黒権現に対し、出羽神社と改称せしめ、別当寂光寺宝前院以下に復飾を厳命したので、彼は止むなく俗名を羽黒宝前と改め、出羽神社宮司に任ぜられた。修験十八坊は協議して内三坊のみ旧の如く保存し、残り十五坊の仏像仏具を三坊に移転安置することとし、住持は一同復飾して神社に出仕することとした。それも内実は旧来の風儀に任せ、神社に出仕する時は神職の服装を著け、平常は僧侶の服装をしていたと云う奇観を呈したのである。

白雲寺は愛宕《あたご》神社　山城の愛宕山は泰澄法師の勧請《かんじょう》、慶俊法師《きょうしゅんほっし》の中興、本地勝軍地蔵菩薩で、白雲寺と号し、五六の社坊もあって社僧が仕えていたのを廃し、愛宕神社と改称した。

金峰山寺《きんぷさんじ》は金峰神社　大和金峰山は役行者《えんのぎょうじゃ》これを開き蔵王権現を祀り、別に地主神と称する金精明神があった。それを時の政府は地主神の金精明神を独立の神社として金峰神社と改め、山下蔵王堂を口宮、山上蔵王を奥宮と称したのである。

相摸大山寺《おおやまでら》は阿夫利《あふり》神社　相摸大山縁起には天平勝宝七年に、東大寺僧良弁が奈良より郷里相摸に帰り、霊感を得てここに不動明王を安置したるより起ると伝えられている。それを幕末に平田流の神官須藤内丸という者、阿夫利神社古伝考一冊を撰し、平田鉄胤《かねたね》の序を請うて流布した。この書に祭神は大山祇命《おおやまつみのみこと》であると考証し、良弁が幻術で国人を眩惑し阿夫利神社を昧まして仏地に成さんと悪巧をなし、国人を率いて攀じ登ったものであると称し、祭神は明らかでない。とにかく古くより修験の行者がこれに住し、鎌倉時代より大山寺という名で知られ、百余場の御師職があって八大坊がこれを支配していたものであるが、元年の分離令により、本尊を明王寺不動堂に移し図像を売却したのである。

秋葉寺《あきばでら》は秋葉神社　遠江秋葉山に関する沿革は信ずべき記録なく、明治元年神仏分離令発布の後において、神社側は神社として好都合なる沿革を述べ、寺院側は寺院として好都合の歴史を飾ったに過ぎないが、神社側では火之迦具土神《ひのかぐつちのかみ》が祭神で、和銅二年十一月十六日の鎮座と伝え、そして慶応三年十二月二十七日正一位を授けられたというのである。寺院側の手に成る縁起沿革としては『秋葉山書上』及び『秋葉山秋葉寺略縁起』があり、また可睡斎《かすいさい》の手に成った『遠州秋葉総本殿可睡斎縁起』があってほとんど同様に聖観世音を本尊とせる仏寺なることが記されている。即ち秋葉山は行基菩薩開創の古道場で、菩薩自ら彫刻せる聖《しょう》観世音菩薩、十一面観世音菩薩、将軍地蔵尊及び四天王等を奉祀する所である。そして三尺坊威徳大権現は観世音菩薩の応身なりとし、行基菩薩自彫の観世音菩薩の霊像あるを幸として、迹《しゃく》をこの山に垂れたので、寺号を霊雲院といい、大洞山秋葉寺と号し、かつては後桃園天皇の勅願所となり、以て我が国屈指の道場となったというのである。明治元年神仏分離令が発布せられた際、僧侶達と快くなかった修験一派、実相院以下六箇院が復飾を願い出でて、秋葉山を神社なりと主張し、分離実行を神祇官へ出訴し、両派間に種々紛糾を重ねた後、明治五年神祇省の処分の下に神社となり、秋葉寺は一時廃寺となった。

伯耆大山寺《おおやまでら》は大神山《おおがみやま》神社　伯耆大山は古くから大智明権現と称して地蔵菩薩を祭り、少くとも千余年来仏地として知られ、盛んなる時には僧兵三千人を擁し、一山の坊僧百余に及び江戸時代にも三院四十二坊あったが、明治二年鳥取藩の神社取調掛、小谷融といえる者の建白により、この地の祭神を大山祇命《おおやまつみのみこと》と定め、社殿以下ことごとく三里余も隔絶せる大神山神社に明け渡し、大山寺の称号はこれを除かるることとなった。

泰澄《やすすみ》の社は石徹白《いしどしろ》社　白山の別宮である石徹白社は越前大野郡白山の麓にあるが、開基は泰澄で七社明神を勧請し、第一正殿本地十一面観世音以下それぞれ仏菩薩を祀り、第七は泰澄を祀ったのである。明治三年に至り分離の令によりこの地を社地と定められ、泰澄の社を「ヤスス ミ」の霊社などと称し、社人をしてことごとく神葬祭に改めようとしたが、社人の内百二十余同盟誓紙連判してこれに反対し、帰農して業を励み精誠勤王尊奉の功を顕し、白山氏子として神事を大切に崇敬し、泰澄大師は石徹白開闢の高僧知識で、全く我等の先祖なればその遺志を仰ぎて大師堂を始め、仏像類はこれを大切に守護し給仕せんことを請うた。神祇官においてはこの請を許し、命じて検地を行い、租税を徴収せしむることとした。百七十八軒の内帰農せるもの百三十余軒、残り四十余軒は神祇を奉ずることとなり、石徹白社を以て全く神社と改めた。

竹生島《ちくぶ》の弁財天社は都久夫須麻《つくぶすま》神社　都久夫須麻神社というのが延喜式には載っている。しかしその所在不明であるから、恐らく江州竹生島島守大明神か、小島大権現かの内であろうというのが、明治二年竹生島役僧が大津県庁に対しての答えであった。然るに県庁では弁財天を以て浅井姫尊とし、強制的に弁財天社を以て都久夫須麻神社と改めたのである。

金毘羅大権現は琴平大神　讃岐金毘羅は象頭山《ぞうず》金毘羅大権現と称し、別当を松尾寺といった。明治元年三月権現号の神社に仏語を用い又仏体を拝すべからずと命ぜられ、四月神仏混淆を止めらるるや松尾寺寺中の金光院法印宥常は、最初この権現は仏教専属の神なりと上申し、後実は本朝大国主尊と申し伝えているとて、象頭山の古名を琴平山と改め、自ら大宮司に任ぜらるることを願い出で、神号を琴平大神と改むるに至った。これに対し同寺中、普門院宥暁は論争抗議したるも採用せられず、別当金光院は住職宥常の還俗と共に廃滅し、その他の各院も追々琴平宮に兼併せられ普門院のみ松尾寺の名において存続した。

以上は辻博士の研究詳述された実例中から要綱を掲げたに過ぎないが、最後に「以上若干の例にも見ゆる如く、神仏何れとも区別することの困難なるものをも強いてこれを分ち、これを神と改めた事によって、ここに神仏分離の弊を生じ人心がこれに帰服せぬものがある」と博士の結ばれたのは、史家として何人《なんぴと》も首肯し、同じ観察をなすべき結論で、却って当時の分離には白を黒といわしめたやうな牽強附会な事実を暴露したものといわねばならぬ。而してそれが今日までも、神社として存在する所に、神仏一如の実相が顕現しているとも謂われる。

第三節　廃仏毀釈とその反抗

明治天皇は万機を親裁あらせられたのであるが、政府の維新当時における施政は、すこぶる混沌たるもので統一がなかった。神仏判然は政府の方針なるも、極端なる廃仏毀釈は決して聖慮に副い奉るものではなかった。平松理英著にかかる『廻瀾始末』によると、元年正月東本願寺新門跡光瑩《こうえい》参内の砌《みぎ》り、かたじけなくも左の如き御沙汰書を賜ったとあり、又『明如上人伝』によると、同年六月二十四日朝廷より西本願寺新門跡光尊を召し、宮中において同様の御沙汰書を賜ったことを見ても証明される。而してこの御沙汰書の趣旨は他の諸宗派にも及ぶべきものであったことを拝察することが出来るのである。

本　願　寺

先般神祇官御再興、神仏判然之御処分被レ為レ在候は、専孝敬を在天　祖宗につくさせらるゝ為にて今更宗門を褒貶せらるゝにあらず。然るに賊徒訛言を以て朝廷排仏毀釈にこれつとむなど申触し、下民を煽惑動揺せしむる由、素より彼等斯好生至仁、億兆一視之叡慮を奉戴せざるのみならず、則宗門の法敵とも謂つべし。仍而教旨説諭、便宜を以て民心安堵方向相定、作業相励可ㇾ申様門末教育可ㇾ致旨御沙汰候事。

六月

東西本願寺及び興正寺はこの御沙汰を、全国門末に布達教諭したので、僧俗大いに安堵し、始めて愁眉を開き、陛下至仁の鴻恩を感謝したということであるが、かかる御趣旨は九重の雲上に限られ、政府なかんずく神祇官の方針は地方各宗に対して、益々猛烈なる廃仏毀釈の暴行を極めた情景と、その反抗に関する顚末の一斑は、次の如きものであった。

廃仏の急先鋒は信州松本で、時の藩知事戸田光則は朱子学を奉じ、自らその家に関係ある菩提所全久院、前山寺の両寺院を廃毀して範を領内に示し、明治二年七月には祈願所たる弥勒院を廃してその住僧を復飾せしめ、五社神社の神官としたのである。次に士農工商に至るまで全般に廃仏を実行せしめんと、政府の承認を得るため弁官に願書を差し出し、廃寺の上学校に改め、管内寺院無檀無住の贅物は、同様に破却仕度《た》しという意味であった。これに対し弁官の指令は、故障の筋なくば苦しからずとあったから、明治四年から廃寺の実行に着手し、改曲掛を設け岩崎作楽等これに任ぜられ、藩士細民に至る迄廃仏の必要を説諭し、神葬祭を出願せしめた。寺院にも同様廃寺帰農の理由と利益とを説明したが、大町村曹洞宗霊松寺安達達淳、同大町在平村曹洞宗大沢寺快龍は、これ等役人に対し大いに弁ずる所あって彼を閉口せしめ、又松本の真宗正行寺佐々木了綱は廃寺帰農に反対して、その末寺宝栄寺等の諸寺と協力し、京都本山や浅草輪番の手により、東京府を経て中央政府に苦心反対運動を続け、廃寺の厄を免れ、藩庁に対しては本山の命令なき以上、断じて藩命に従う能わずと、身命を賭して抗議し、その間前後二箇年、十七八回藩庁に出頭して節を守り、遂に寺運を全うし、為に真宗両派の寺院は唯一箇寺を除く外は廃寺に至らなかった。かくして戸田領内浄土宗三十箇寺中二十七箇寺、曹洞宗四十箇寺中三十一箇寺、真言宗十箇寺、日蓮宗四箇寺全廃せられ、真宗は八箇寺の内一箇寺のみを廃せられた。けだし真宗に廃寺の少なかった理由は、別に僧侶の破戒行為による罪跡の認むべきものなく、殊に在家同様家族制度で、寺以外に往く所もないというにあった。

廃寺に伴って仏体仏具の類は火中に投ぜられ、諸処に転々し行衛不明となったものもあり、寺院外の石塔類の破壊も盛んに行われた。

然るに明治四年七月廃藩置県の令出で、十一月十六日松本県廃止せられ、藩主は東京に出たので廃仏の法難は中止された。

伊勢山田における廃仏毀釈に関しては『仏教遭難史』『知恩院日鑑』『増上寺記録』等に詳記せられてあるが、伊勢の宮川と五十鈴川との間にある神領地域を川内と云い、浄土、真宗、天台、禅の寺院凡そ百十余箇寺あった。明治の初め同地方に度会府《わたらえふ》を置き、橋本実梁が知事に任ぜられた。同知事は川内神領地において、一切仏葬を禁止して神葬にすべしとの令を発し、同時に各寺住職を呼び出し、今般仏葬を禁止したるにつき、最早各寺とも維持し能わざるによって、住僧は檀徒総代と連署して、廃寺願書を差し出し、住僧は帰俗すべし。即今廃寺を願い還俗するものは士族の身分に取り立て、且つその寺院所属の堂塔等の建物は、悉皆該《そ》の住僧の所持に帰せしむ。もし猶予する者は近く廃寺の令出づる時、総ての建築器物等皆官没すべしと申し渡した。これに対し四月二十日山田の浄土宗寺院より、智恩院に対し廃仏の厳制を歎願したるもその効なく、各宗僧侶は多く廃寺願書を差し出した。種々の理由で十数箇寺残存したが、明治二年二月度会府よりの達に、今般天皇行幸参拝遊ばさるるについて、神領中参道にある仏閣仏像等ことごとく取り払うべく、尚今後宇治山田町家において、仏書仏具等商売致すこと相成らずとあった。この際画僧月僊を以て有名であった寂照寺は、寺産を有せるより廃寺願いを出さず、その所在大道に面していたので、十日以内に本堂、鐘楼、経蔵、寺門等悉皆取毀しを厳命されたが、本山智恩院に歎願、門主宮より朝廷へ伺いを立てられたるに、朝廷では廃寺廃仏の趣旨に非ずとの御沙汰あって、それぞれ伝達し、府知事に上申したので寺門の前を板囲いし、取毀しの厄を免れたが、増上寺の記録によると、この地方で廃寺の数は浄土宗七十九箇寺、曹洞臨済合わせて凡そ六十余箇寺に及んだ。而してこの地方には真宗と日蓮宗との寺がなかったのである。土佐の寺院は檀信徒の維持によるもの少く、大なる寺の造営は藩庁の手に成り、寺領地は皆藩より給せられたのである。然るに廃藩となったから寺領造営は廃止されたので寺院の維持に窮したのである。そして一方に社寺係北川茂長等が熱心に神仏分離を励行し、祖先の仏式祭儀を神式に改めしめたので、士民共に神道に帰する者多く、僧侶の復飾して神職となるもの多かった。独り真宗のみ依然として継続し、他宗より真宗に転宗し来る状態であった。この地方では明治四年寺院の総数六百十五の内曹洞宗九十八箇寺を筆頭に四百三十九は廃寺となった。

次に薩摩は慶応元年頃から、既に廃寺の具体案が作られ、今の時勢に寺院僧侶は不用のものである。それぞれ国のため若きは兵役に、老いたるは教員に用うべしと、寺院の禄高も軍用に充て仏具は武器に用うべしと、これを藩主島津久光に建言し直ちに採用せられて、廃寺に関する調査掛が命ぜられた。その結果大乗院を始め大小寺院総数千六十六箇寺、僧侶総数二千九百六十四人、この内十八歳以上四十歳迄の壮者で兵役に充つべき者、学識ありて教員に充つべき者、老年にして扶助料を与うべき者、農工商好む所に任すべき者の四種に分った。明治維新となり、神仏分離令が出ると、廃仏の気勢は猖獗を極め、二年三月藩主島津忠義の夫人照子の逝去に際し、その二十五日知政所の名を以て、一般に神葬祭を以て行うべき事を令達し、六月に至り中元盂蘭盆《うらぼん》を廃し、祖先の祭は中春中冬に行うべき旨、神社奉行に申し渡し、十一月に至り、遂に次の如く廃仏の令を発布した。

御領内寺院被レ廃候条御仏餉米、祠堂銀迄モ引取被二仰付一、諸仏ノ儀悉ク被レ廃候旨、被二仰達一候条　此旨神社奉行へ申渡、向々へ可二申渡一候

明治二年十一月　　知政所

そこで歴代藩主の廟号も神号に、寺地内にある藩の墓地も寺号を地名に改め、寺地はことごとく

廃せられ、僧侶は総て帰俗を命ぜられた。仏像、経巻及び一切の仏具は、藩吏監視の下に焼却せられ、又石の仏像は打ち毀して、河川の水除け等に用いられたのである。

美濃苗木でも徹底的に廃仏を断行し、藩知事遠山友祥（後友禄と改名）自ら率先して村々を巡廻、廃仏帰神を勧め、大小寺院堂宇を毀ち、且つ藩より仏具の所有を禁じ、もし所有するものは罪科を申し附くとの達しにより、寺及び檀信徒の有していた旧記仏具は、或は焼却、或は破毀し、ほとんどその影を止めなかった。そして遠山家の香華院臨済宗雲林寺の末寺十二箇寺、及び他宗と合せて十七箇寺すべて廃寺となり、住僧は還俗したが、独り雲林寺の剛宗和尚のみは還俗せず、国主多年の恩に報ずるため、遠山家歴代の位牌仏具を貰い受け、末寺下野の法界寺へ退去した。

隠岐では皇漢の学を修めた中沼了三等を主とせる、いわゆる正義派と称する急進党が、慶応四年六月に因循派に全勝した際、急進党の壮士等、一挙に仏教排撃を実行し、全島に亙って仏教の堂舎、図像を破壊し、士民各戸も皆これに倣い破壊した。明治二年三月以後、真木直人等主となり、数月間に島後の四十六箇寺をことごとく廃滅に帰し、神社にある仏像仏具は皆これを取り出して破壊し、その主張者松浦荷前《のさき》、吉田倭麿等は神社改めを断行するに至った。

富山藩では一派一寺の令を出して、藩の大参事林太仲が衝に当り、一派一寺以外の寺はことごとくこれを廃合した。即ち明治三年十月二十七日附を以て合寺の令を発し、この度朝廷より万機改新の布告もあり、追々時勢転変の折柄、都市の寺院はすべて一派一寺に改正すべきにより、迅速に合寺すべく、もし違背に及ばば厳科に処すべしと令達したのである。この際これを言い渡すと共に、兵を要所に置き、各宗の本山及び檀徒との連絡を断ち、抵抗する者あらば打ち殺す勢いで、兵卒をして市中に大砲を引かせ昼夜巡回した。その勢いに恐れて何人も抵抗する者なく、翌二十八日存置の法華宗大法寺より、合寺は迅速に行われつつあることを告げ、命令により金仏梵鐘等は、差し上げる同意を得たことを届け、藩より人夫を遣わしてこれ等の金属品を没収し、鉄砲製造の料に供せんとした。然るに当時藩内の各宗寺院数は浄土十七箇寺、天台二箇寺、真言四十二箇寺、臨済二十二箇寺、曹洞二百箇寺、真宗千三百二十余箇寺、日蓮三十二箇寺、総計千六百三十余箇寺を七箇寺に合併しようとしたのである。法華宗が僅かの寺数で大法寺が藩に阿《おもね》った行為で、賞を授ったというのに引き換え、この合寺により最も困難を感じたのは真宗寺院であった。それは他宗全体の四五倍も寺院数があり、最も多数の信者を有せると、他宗と異り妻子を有するとにより、千有余を一寺に合併することは不可能であった。明治三年に至り真宗専林寺住職渡辺法秀は、東京に出でて合寺令の苛酷を政府に陳情し、又真宗本派からは佐田介石、大谷派からは松本白華を派遣して実情を検分せしめ、両人藩庁に出頭して所置の不理を陳じたので、他宗の本山よりも続々これを訴え、四年五月に及び太政官より富山藩に対し、合併のため下情怨屈の趣相聞え、不都合なることを詰り、更に穏当の処置方取調べ伺い出づべしと沙汰が下った。これにより藩では一向宗僧侶は家族もあることと故別段の見込を立て御伺い申すべきも、外の各宗はそのままに差し置きたしと伺い出たが、幾許もなく廃藩置県となり、明治五年七月に至り各宗代表者連名を以て教部省宛に、富山廃寺院旧地回復寺名相続を出願した。そこで十月二十七日に至り、檀家七十戸以上を有する寺院に限り合寺を解き、同九年二月他の寺院も同じく合寺を解かれ、各寺院は漸次復興するに至った。この始末に関しても『明如上人伝』に詳叙してある。

佐渡の廃寺も他の諸国に勝れてすこぶる激烈であった一例がある。判事奥平謙甫の命で、明治元年十一月二十一日より、真宗以外の寺院は十二月十日迄、真宗寺院は子孫もあることなれば、十二月二十日迄に五百有余の寺院を八十箇寺に合寺せしめた。その事情は『すみれ草』一名『佐渡廃寺始末』に詳記されている。二年二月中旬頃から諸宗の僧侶は続々帰農の願を出したが、真宗の僧侶には一人も帰俗者がなかったということである。三年以後に至り、真宗の徒はしばしば願書を出し、明治十五年頃までに漸次復旧したのである。

讃岐多度津藩でも一宗一寺を断行しようとした。即ち明治三年十月二十八日、同藩民政局の名を以て、管内寺院一宗一寺に縮合申し付くるにより、良策見込もあらば来閏十月十日限り書付を以て申し出づべしと令達したが、各宗寺院連名で延期を歎願し、各村百姓等よりも在来の通りにせられたしと願い出た。この反対により領民ほとんど全部蜂起せんとし、寺院も連日協議会を開き反抗の態度に出た。なかんずく西覚寺常栄、光賢寺幽玄の二人は最も強硬で、全部の寺院住職打ち揃って青竹に焔硝を詰め、それを脊《せ》に負って藩に強訴し、もし聴かざるにおいては、火を脊に放って自ら藩邸と共に焦土たらしめようという策を建てたので、その気勢に辟易し、結局合寺案を撤去することとなった。

奈良京都における廃仏毀釈は、さすがに仏地であったから、容易に手を下すことが出来なかったが、奈良興福寺の両院家一乗院と大乗院とが、春日社の神司となって復飾し、暫時その主なき状態となった。その間において経巻、仏器を始め、多くの什宝は或は隠匿せられ、或は売却せられ、散々の態となり、最も惨状を呈した。京都地方に関しては『仏教遭難史論』『随縁迹《しゃく》』（村田寂順大僧正行実記）等にその事実が記述され、兵庫、平戸、佐倉、飯沼、瓜連、大多喜その他の諸地方に於いても行われたことが知恩院並びに増上寺の記録に載っている。

以上の実例に見るが如く、廃仏毀釈の暴挙に対し、反動の形勢がすこぶる激烈となり、ややもすると諸地方に土寇蜂起し、内乱をも醸すの急をさえ流布されたのである。

明治二年の肥前平戸藩、同三年日向延岡藩、同三四年三河大浜の騒擾については、『明如上人伝』平松理英著『廻瀾始末』に詳叙してあり、その他田中長領撰『明治辛未殉教絵史』滋賀県堅田の羽根田文昭氏編にかかる『仏教遭難史』論等によっても、その一端を知ることができる。次に明治五年信越の間に土寇の蜂起した事蹟は、初瀬川健増の報告により知るべく、明治六年一月から三月に亙る越前大鈴、今立、坂井三郡の暴動は『越前暴動一件』（顕順師殉難録）として金森顕真の稿に詳述、実に悲惨を極めた殉教的暴動であった。

高野山では金剛峰寺を県当局から県社弘法神社とするから、神社としての手続をとったらどうかとの内示があった。これにより一山協議したが、時の長老海充は頑として自分は今日迄大師の道に従って来たのだから、このまま本寺を守り死する覚悟であると主張し、遂に一山を護持した。かくしてこれ等の犠牲的精神により、排仏毀釈は漸次緩和せらるるに至った一素因をなした。

第四節　大教宣布と諸宗会盟

明治維新の政策は最初確立して居らないので、政府の布達等も不統一のもの多く、朝令暮改種々に変動したのであるが、祭政一致、神祇宣揚の方針は益々顕著となった。が一面神仏分離廃仏毀釈から各地漸く紛擾の形勢となったので、これを緩和する道をも講じなければならなかった。明治三年正月三日に発せられた次の大教宣布の詔勅は即ちそれである。

朕恭惟、天祖大祖、立ㇾ極垂ㇾ統、列皇相承、継ㇾ之述ㇾ之、祭政一致、億兆同心、治教明二于上一、風俗美二于下一。而中世以降、時有二汚隆一、道有二顕晦一、治教之不ㇾ洽也久矣。今也天運循環、百度維新、宜下明二治教一以宣中揚惟神大道上也。因新命二宣教使一、似布二教天下一、汝群臣衆庶、其体二斯旨一。

この聖旨を体して、『宣教心得書』を編し、人材を挙げて宣教使に当らしめた。而して明治四年寺領を没収し、宮中の仏像はことごとくこれを泉湧寺の恭明宮に移し、門跡号、勅修法会《ちょくしゅうほうえ》及び普化《ふけ》宗《しゅう》をも廃し、中古以来由緒のある寺院僧侶から僧位僧官など、諸種の特典を停廃することとし、全く皇室との関係からも、政治上からも、除外せられ、朝廷は神祇と宗教とを混同し、一時厳密なる神道国教主義を採ったのである。中央政府がこうであるから、各地方においては前節に例示したように、神仏分離の活劇が演ぜられたのは当然であった。

廃仏毀釈の行われている際、廃寺を利用し寺院を学校に提供した。明治二年二月五日に発布せる『府県施政順序』中に「小学校を設くる事」の一条が挙げてある。それによると明治三年六月東京府に設けた六小学校等もその例であった。即ち第一校は芝増上寺の源流院、第二校は市ヶ谷の洞雲寺、第三校は牛込の万昌院、第四校は本郷の本妙寺、第五校は浅草の西福寺、第六校は深川森下町の長慶寺の六校がそれである。そして藩学、寺小屋、学林、漢学塾も明治時代に入り、漸次改善を施すに至ったのである。又僧侶の托鉢及び火葬を禁じ、女人結界を解き、守護不入の寺院を廃止し、如何なる由緒ある寺院も泉湧寺、般舟院の外は、すべて下馬下乗の立札を取り払わしめ菊の紋章を禁じた。それから門跡寺院の坊官は蓄髪して地方官貫属士族卒とせられ、三代相恩の家士もまたこれに同じく、二代以下は各自その旧族籍に復さしめらるるに至ったのは実に明治四年六月のことである。またこの年より寺院住職の進退を地方官の所轄とし、執奏を廃することとなり、末寺の転宗を許した。明治五年四月に自今僧侶の肉食、妻帯、蓄髪等勝手たるべしとの布告出で、法用の外は人民一般の服を著用勝手たらしめ、僧侶の苗字を設けしめた。そして住職中の者は、その寺の住職氏名と相称わしめよというのだから、俗時の苗字をそのまま選んだものもあるが、釈とか、罣采《はなつ》とか、唯我とか、諸岳《もろたけ》とか、桑門《くわかど》とか、宝閣とか、東海とか、普賢とか、布施とか、仏語に依ったもの、寺院の名や山号によったもの、又はその地に因んだ大谷とか、木辺とか、東陽とか、栂尾《とがのお》とか、いうのを附したのが、当時の気骨ある僧侶の面影を偲ばせる。六年、比丘尼も蓄髪、肉食、縁付、帰俗、勝手たることを布達した。

　宣教使の華やかであった時期は、明治二年の十月から四年八月に至る間で、神祇事務局判事輔亀井滋監《これかね》《ママ》〔茲監《これみ》〕の発案に依る祭政一致、神武創業を目標とせる、復古神道の理念に基き、宣教使を任命して神道により統一しようと計画し、漸次具体化したのである。かかる際、同年平田篤胤の後継者たる養子鉄胤《かねたね》が参与となり侍講に任じ、復古神道の精神で御進講申し上げ、翌年その実子延胤も侍講に挙げられたばかりでなく、その後篤胤の流れを汲む大国隆正について和漢の学を修め、明治元年三月徴士となり、神祇事務局権事に任ぜられた福羽美静《ふくばびせい》も参画していた。そこで大教宣布の任に当った宣教使は、明治三年九月改めの官板『職員録』によると次の通りであった。

長官（神祇伯中山忠能）次官（神祇小副福羽美静）判官（神祇権大祐平田延胤兼任）権判官（小野述信）。その下に大主典、権大主典、少主典、権少主典及び史生が事務官で、外に教役官として大博士（欠員）権大博士（富小路敬直）中博士（欠員）権中博士（伊能頴則、久保季茲、本居豊頴、師岡正胤、渡辺真包、木村正辞）少博士（西川吉輔、石川養正、堀秀哉）権少博士（大崎昌庸、潮見清鞆、落合直澄、物集高世）

以上の職員下に大講義生三員、中講義生五員、少講義生十一員が挙げられた。かくして神祇官奉仕の神殿を営み、奉祭の天神地祇並びに人神を迎え祀ることとなり、十二月十七日仮神殿落成して鎮魂祭が行われ、翌三年正月三日に主上親しく参拝あらせらるる筈であったが、御風邪のため行幸が延期となり、三条右大臣が代って拝祭した。即ち先ず右大臣が宣布大教の詔と鎮祭の詔を捧読した後、神祇伯兼宣教長官中山忠能は宣教詞を捧読した。そして大教の要旨は国民全般に神明を敬し、人倫を明らかにし、その心を正しくその職を効《いた》し、以て朝廷に奉事すとの、日本国民当然に遵守すべき、国民道徳を教示したるに外ならなかったので、仏教精神またこの国民道徳と何等抵触する所がなかった。しかのみならず各宗鎮護国家、王法為本等を説き、神祇を守護し、皇室を奉戴し来たったのである。然るに中世以降人心偸薄《とうはく》、外教これに乗じ、皇道の陵夷、終に近時の如く甚しきに至ったのは、仏教がその因由をなせる如く誤認せられ、誣いらるる迄に、僧侶の多数輩には、破戒不徳者が法衣に身を覆い、あらゆる社会から忌憚されていたのである。これに対して浄国寺養鸕《うかい》（鵜飼とも記されているが養鸕が正しい）徹定《てつじょう》は明治元年既に『釈教正謬』初破再破三巻、三年『仏法不可斥論』等を著し、又明王院高岡増隆と連名で仏教護持を献言陳弁した。けれどもさすがに仏教界の先覚者も、排仏毀釈の実情には困惑狼狽した。が、一般人の信仰に対しては、形式や圧制では如何ともし難いのみならず、政治上の不平党は、僧官別当及び有力な居士や信徒と相合して、将に新政教制度に抗せんとする者もあるに至った。それから政府の発した布達等も容易に行わるるに至らず、西洋文明の急先鋒となれるキリシタンの伝道防禦にも当らなければならない。それには木戸孝允に昵懇であった鴻雪爪《おおとりせっそう》の如き、所詮仏教によるべきことを力説したのである。そこで内外多事の場合、時の各宗高僧大徳の勤王に志せるものは、外教に乗ぜらるるを憂慮し、従来一教団結心に乏しかった各宗も、沈黙座視する能わず、元年より有志を糾合し、諸宗道徳会盟とてしばしば会合し、相提携して対策を講じたのである。かかる折にも明治二年二月浄土宗関東十八檀林を勅願としたなどあるにかかわらず、宮堂上より諸国祈願所に菊紋章付物品を寄付し、又新たに祈願所を設くることを禁じたのである。

明治元年十二月八日に諸宗道徳（同徳とも記せるあり）会盟を興正寺に開いたのがその発祥で、同月十七日妙法院における諸宗会議には、本願寺光尊十九歳で列席したる記録がある。又仁和寺から明治二年三月諸国真言宗寺院中として発した文書や、四月各宗同盟会を谷中天王寺に開いた事実に見ても、その他『明治維新神仏分離史料』に「仁和寺記録」「維新之際諸宗同盟会議」として慶応四年頃から明治四年頃までの文献材料が録せられてあるによるとしばしば京都、東京その他で次の如く聯合の会議のあったことが明瞭である。その会議名は一定していないが、単に諸宗会議又は諸宗道徳会盟といい、略して道盟会又は同盟会などと称したのである。

方今妖邪蔓延、国体危急ニ相迫リ、諸宗一同令㆓会議㆒、不惜身命之誓約ヲ以テ、天朝ニ上表之処、不日ニ可㆑有㆓勅許㆒、然ル上者、各自己之私意ヲ抛、鎮護皇国、可㆑抽㆓丹誠㆒、就㆑中知法有志之輩、各僧使之指揮ニ従ヒ、登京可レ有レ之、委曲不レ能二紙表一、深可レ被レ得二其意一者也。

明治二年三月　　　　仁和寺　皆明寺僧正判

諸国真言寺院中

次に同年五月の諸宗総代連印で、「願意口上書」という次の如きものもあるのを見る。これにより当時仏教聯合会に類したものが、既に出来ていたということを知り得るのである。

願意口上書

一、先達洋教乱入之風聞有レ之趣ニ付、諸宗中ヨリ建言仕候処、兼テ御国禁之儀、決而無二其儀一候由、安心可レ仕候様、皇国万民ノ大慶、諸県一同難レ有奉レ存候。已後益出精仕、洋教之是非長短等、追々研究セシメ、盲昧之下民ニモ、慥《たしか》ニ為二心得一申候様、其宗々ヨリ諸国一統へ急度行届候様、申達奉レ存、依レ之今般、御一新之御明時ヲ以テ、右破邪顕正益《ますます》出精教導可レ仕趣、別段御沙汰被二成下置一ニヲイテハ、海内諸宗之者共、一同別而難レ有感戴仕、諸抽二丹誠一奉レ命可レ仕段者勿論、年来宗々之旧弊モ一洗仕、永ク如法堅固学道執行為レ仕、諸法律ノ規定モ、厳重ニ為二和守一度奉レ存候　此段宜御執奏伏而奉二懇願一候　誠惶頓首

諸　宗　総　代

明治二年巳七月

弁　事　御　中

明治二年三月興正寺摂信（本寂）沢好等真言、浄土、時宗と連署して邪教を制禁することを請願した。それから翌四月東京谷中天王寺に各宗同盟会を開催し、次いで二十五日芝山内増上寺に開いた。その際の寺院氏名が掲載されている。それによると盟主は武州若槻浄国寺徹定、曹洞二人、天台五人、真言七人、一向（真宗）八人、日蓮三人、芝山内寮主七人であった。曹洞宗の記録によると明治二年五月京都において同盟会を組織した際には、会員七十六人の加盟があり、且つ加州天徳院奕堂は盟主の一人であった。かかる時代にも拘わらず、二年九月増上寺及び大谷派に、同年十二月仏光寺に北海道の土地を賜い、開拓せしめらるるに至った。

明治仏教各宗教団中、先覚者の集合であるこの諸宗道徳会盟に全国各宗寺院僧侶から、中央聯絡機関として、建言伺書等を寄せ来るものすこぶる多かった。そしてこの会議に参加した主なるものは曹洞宗総持寺の加州天徳院諸岳奕堂（当時は寺号院号の下に名を記して通用し、姓は明治五年以後に称したものであるが、便宜上特にこれを附記した。以下皆同様である）。臨済宗京都相国寺の荻野独園、真言宗高野山明王院の高岡増隆、天台宗叡山行光坊の唯我韶舜、本願寺派の学僧肥後光照寺原口針水、その他伊予金剛山谿谷、後に目白新長谷寺に住した真言宗の釈雲照（その時の名は大応）『読高僧伝』の著者美作円通寺の道契等であった。かくて政治の中心が京都から東京に移ったので諸宗会盟も東京に移転し、浄土宗の耆宿たる福田行誡、日蓮宗新居日薩（他に後れて入会）普積院佐々木義範も加入し、二年十月回向院にその大会を開いた。曹洞宗福井孝顕寺の鴻雪爪は当時加入して居らぬが、道徳会議加入に指命された一人である。この会は内僧侶の覚醒を促し、外邪教の析伏《しゃくぶく》に尽さんとしたもので、次の「十条清規」を基準とした。

定ム二公挙ノ法ヲ一　鼎二建ス学校ヲ一　立ツ二試業ノ式ヲ一　必ズ正ス二賞罰ヲ一　教二諭ス民間ヲ一　防二禦ス邪教ヲ一　遊二歴ス万国ニ一

結盟建言ス　購二求ス書籍ヲ一　一二洗ス旧弊ヲ一

各宗高僧は政府をはじめ、各方面に運動したが、殊に鴻雲爪（江州清涼寺清拙の還俗したる氏名、自伝『山高水長記』明治二十三年刊上中下三巻あり）の如きは、当時教界随一の政治家で、越前松平春岳、肥前鍋島閑叟、土佐山内容堂等と膝を交えて時勢を論じた程親交あり気骨あったもので、非常に重要視された。そこで薩摩、信州等で頻りに廃仏毀釈を実行していた時に、福井藩では明治三年正月藩庁の民政寮から次の達書を出し、清拙をして従来犬猿ただならなかった各宗僧侶を、同一学寮に収容し、教学の事業に従わしめることとした。

今般皇政御復古、四海一家の御宏謨相立、既に三都府に於て学校御取建、追々開化之道御主張相成、当藩に於ても学校変革人材教職の筋厚く申付候事に候。然るに社家僧侶は元来其道を以て民を説諭し、善に就き悪を去り、人生彝倫《いりん》の道に依らしめ、以て風教の及ばざる所を補うは其当然に侯処、流弊の久しき其職分を失ふ者少からず、今より以後銘々自ら其本業を修むべきは勿論、尚又教化の法其宜しきを得て、天朝の御趣旨に相協ひ侯様勉強致すべし。万一因循偸安旧習を脱せず、身分に似合はざる世教を害する者は、厳重沙汰に及ぶべく候間、心得違無レ之様夫々可申渡候事。

　但本職不当の者は帰農商申付候事。

　総て継目之節は、公選の上民政寮へ可伺出事。

そこでこの達書を得た越前の曹洞宗孝顕寺、天台宗平泉寺、浄土宗運正寺、真言宗性海寺、真宗本覚寺等を始めとして、各宗寺院は、相談の上先ず孝顕寺を教頭に、運正寺を準教頭に選挙して教化方針を協議し、将に実行に著手しようとした。然るに藩庁の民政寮から、四月五日附で、又も次の様な寺院合併僧侶還俗の勧奨令なるものが出た。

　寺院の儀は、元来檀徒の帰依に寄り立来り候処、今般御制度御改正に付ては、是正の振合難被行儀可有之殊に檀徒寡少の向は、今後の覚悟も可有之筈に候得ば、数箇寺を合併し、或は還俗し、農商の業に就き候儀可勝手候間、存寄の者は直に当寮へ可願出候事。

まことに監督官庁の朝令暮改もさる事であるが、一方には又当時大多数の僧侶達は何等宗教上の確信なきのみならず、自ら仏教の関係を脱出して、自由な世俗の生活を望むものさえあったから、この布達があると好機得たりとなし、直に還俗願を差し出す者があった。それに対し民政寮では次の如く指令した。

　開明の御趣旨を遵奉して、正業に復帰の儀願出候段、奇特の至に付、願之通聞届候事。

即ち僧侶は正業でなく、農商に劣れるものと見做された。そしてこれ等の帰俗僧には、その寺地及び建物を下附されたので、次第にこれに倣うものが増加した。そこで孝顕寺、平泉寺、運正寺、性海寺、本覚寺、長慶寺、憶念寺、陽願寺、瑞源寺、龍泉寺、安養寺、龍雲寺の十二箇寺連名を以て、越前領分の一般寺院へ向け、入寮者には朝廷の御趣旨に適する目的で、実践躬行せしむる次の達書を出し、帰俗者の食止め策を講じた。

先般諭告の筋も有之候に付ては、教頭始夫々申談じ仮学寮可㆓相定㆒候。入寮の輩従来の気習を一洗し、学業を修め躬行を正し、教化の法は虚誕不稽を除き、倫理日用の実に基き、民生をして勧懲興起せしめ、治化の万一を補ひ、朝廷の御趣意に相適するを以て目的と可㆑致候。制度御一新門閥の末弊相廃候折柄に付き、寺格に寄り取扱の儀は一切被㆓相止㆒、総て躬行に寄り度趣、可㆓相定㆒筈に候間、此段兼て可㆓相心得㆒事。

この達書を出したが、実行に至らないで六月中旬には、次の達書を一般に廻して就学せしめることとした。

方今往々排仏の藩有㆑之機会、今般御藩に於て被㆓仰出㆒之趣、未曽有の盛挙、吾道の興起不㆑可㆑失㆓之機㆒也。此旨深く奉㆓感戴㆒各自奮励旧習一洗し、上は翼賛し、下は万民を安堵せしむ可し。依て御堂町興宗寺に於て、仮学寮相定、来十五日より十八日迄三日の内可㆑致㆓入門㆒候也。

更に準教頭運正寺の名を以て左の通告を発した。

一、二十日開講四教儀集註。

一、寄宿相願候向は弁二食料一に不及、臥具食器持参之事。
一、後来教院に学業試験の上公選に充つ可き事。
一、監察使相廻して本職不当之輩は屹度沙汰に可レ及事。

これ実に各宗協同の学校として最初の試みであったばかりでなく、徳川三百年間安眠高臥し来たった僧侶が、維新の政変、廃仏毀釈の強烈なる刺戟によって反省自覚し始めた実例と見るべきである。

第五節　両本願寺並びに他宗派勤王事績

維新の政変、廃仏毀釈の中にあって、両本願寺始め真宗各派の採った態度が、終始一貫尊皇奉仏、開国進取主義であったことは、維新史上特筆大書すべきである。慶応三年朝廷の命に依り、本派本願寺は多額の経費を投じ、洛北加茂川荒神口《こうじんぐち》に御幸橋を架設し、これより鳳輦の河東に避難し給う用に供した。世にいわゆる勤王橋と称せらるるものがそれである。明治元年正月より幾回かに亘り両本願寺、並びに興正寺、延暦寺よりは、朝廷に献金米をしたのである。そして本願寺法主光沢（広如）は勤王を誓約し、朝旨により宮闕九門内外の守護に当り、次いで大津、伏見、八幡、山崎、嵯峨の五ヶ所を警衛し、養嗣子光威（徳如）をして、岩倉具視の慫慂により、金穀を給せんがため、竹杖草鞋で摂河泉の間を巡化し、勤王の大義を唱えしめた。その際徳如は二豎の犯す所となり、明治元年四月十四日病歿したので、光尊（明如）を以て法嗣とした。その前三月には天皇御親征に際し、大阪本願寺別院（津村）を行在所となし、光尊はその護衛に任じたのである。この間大谷派本願寺においても、元年正月江戸の兵、西上の噂があったので、近江大津まで官軍が出陣すべきにより、糧食欠乏の憂いなきよう尽力せよとの命を奉じ、光勝（厳如）は法嗣光瑩（現如）と路を分って近江、美濃、尾張を経て三河に入り、勤王の大義を説いて大いに宗徒を勧誘し、四月再び近江より越前に赴き、次子勝縁をして別に飛騨を誘説せしめ、信徒より多大の金穀を献上せしめた。又正月真宗興正寺に東海鎮撫総督輔翼を命ぜられ、摂信、沢好など門徒を率いて大津に向った。八月高野山学侶より朝廷への献金があった。二年秋、東本願寺に朝廷より北海道開拓の内諭あり、九月決定、土地を賜り、又十二月仏光寺にも賜わった。依って東本願寺では光瑩自ら翌三年二月開拓の途に上り、七月七日着道以来新道の開通、新寺の造立、人民の教諭に努め、四年十二月無事同道開拓の功を奏したが、当時の北海道は全く不毛の地に属し、且つ皇化至ること薄く、その困苦経営は一通りではなかったのである。明治四年正月には西本願寺境内地を上地した。これらの維新裏面における真宗各派の活躍は真俗二諦他力信仰のあらわれで、仏教史には勿論国史上における勤王史実として顕著なことは、言うを俟たないのである。

　かくして維新後には一朝事あるに際し僧侶も政治軍事に従わねばならぬというので、西本願寺の改革を唱導せる大洲鉄然《おおずてつねん》、島地黙雷《しまじもくらい》等は長州萩の清光寺に改正局を設け、長防二州の真宗僧侶の風儀改正に着手し、又学校を開き、学生を養育して内外の学を授け、且つフランス式軍隊訓練をも施し、維新の際島地黙雷等は禁裡警衛のため、生徒を以て一隊を組織し、自らこれを率いて京都に赴こうとしたるが如き、その急進的改革の態度を窺うに足る。そこで明治十年二月　聖上、皇太后、皇后御滞京中、本山を非常立退所と定められ、同月十三日、皇太后、皇后は三夜荘に行啓あらせられ、十六日　聖上本山に行幸あらせられたのも、維新の功を嘉賞あらせらるる叡慮に出でさせられたものと拝するのである。

第六節　教育施設及びその発達

明治三年八月島地黙雷、大洲鉄然は本願寺の命によって東京に来たり、太政官に建白して十月寺院寮の設置を見るに至らしめた。これによって民衆の仏教に対する疑惑を解き、各宗の面目を維持せしむるを得た。

翻って各宗の活動を見るに、東京に移転後の同盟会は凝議の結果、対キリスト教に著眼した。そこで増隆、徹定の二人が諸宗総代となって、総黌《そうこう》開設に就て、次の願書を弁官に差し出した。総黌は寺小屋式から、近代の学校組織に進化した最初のものである。

去る三月中、京都に於て諸宗寺院総代連署を以て、洋教の儀に付き別紙の通り奉歎願候処、同二十五日別紙の通り外国より何程申立候共、御採用無レ之間安心候様御沙汰の赴伝聞仕り、諸宗僧侶一同難レ有敬承仕、深く天恩奉二感戴一候。然れども東京の儀は諸宗輻輳、殊に外国人雑居の地に御座候えば、万一彼教に煽動せられ候者有レ之哉も難レ計、自然崎陽辺の如く、官府御苦労にも相成候様の事共出来候ては奉二恐入一候間、此度京師の如く当地においても、相互ひに学業練磨の上、宗々檀家末々まで、心得違無レ之様教導仕度、右に付諸宗の僧侶法門研究の為め、寺院内最寄宜き処にて集会仕度候間、此段御聞置被二成下一候様奉二願上一候以上。

巳五月四日

この願は弁官の許可を得たので、芝二本榎の日蓮宗承教寺、同所真言宗長寿寺、築地本願寺を集会所と定め、長徳院坦山及び藤沢山学寮主大冏《だいげい》を総黌療頭に任命した。講習書目は『闢邪《へきじゃ》管見録』（養鸕《うかい》徹定が杞憂道人の名で刊行）『倶舎論頌疏《じゅじょ》』『梵網経義疏』『秘蔵宝鑰《ほうやく》』『碧巌集』『原人《げんにん》論』『国地総論』の七部とし、講師は前記坦山の外浄国寺徹定、明王院増隆、回向院行誡の四人であった。八月に至って総黌の位置を、西大久保天徳寺中栄寿寺に定め、増上寺の添書を附して、次の願書を東京府へ差し出した。

昨巳年五月中より諸宗僧侶法門研究の為め、諸寺院に於て輪次集会罷在候処、此度諸寺院より頼に付き、当山内栄寿寺に於て講習仕度候間、御聞置被二成下一度此段奉レ願候以上。

庚午八月

これに対し、東京府から次の三箇条の達があった。

一、道盟会より初発弁官へ願出候節の手続の事。

一、東京府内にて昨年来、何れの箇所にて集会候哉、又講述の書籍、会議の書物等、且つ法中規則の立方、茶、煙草盆雑用の出財訳、酒等相用候儀無之哉之事。

一、現今天徳寺中にての会議も、前同様に有の儘を書取を以て申立候様可致事。

これに関し答弁の書取を差し出し、翌三月総黌を谷中の天王寺に移し、天王寺の留守居理教院から、東京府へ次の届書を差し出した。

昨庚午閏十月西久保天徳寺寺中栄寿寺に於て諸宗法門研究の為め、道盟会並入塾の御儀聞済に相成有ㇾ之候処、同寺儀手狭かた〳〵不都合の儀も御座候由にて、諸寺院より被ㇾ頼候間、向後当寺において前件相弁度、此段御届申上候、以上。

右に対し東京府の聞届指令があって、各宗の僧侶はここに漸く共同一致、自他宗の教義を学ぶことを得るに至ったのである。これに刺戟せられて地方の大寺院中にも、従来存したものの外に、学庠学林の設置を計画するものがある様になった。それがやがて後に隆盛となった各宗教校、学林等の萌芽であったのである。これより前明治元年正月、本願寺の学林では宗乗の外に、暦学、国学、儒学、破邪学の四科を加え教授した。二年摂州富田本照寺内に興学場を設け、学林の出張所とした。浄土宗では元年七月増上寺に興学所を設け、三年二月知恩院に勧学所を開き、同年五月周防山口に浄土宗講学場をも設置するに至った。

第七節　三条教則の制定始末

明治政府は最初仏教に関する事務はこれを民部省で管掌した。三年十二月特に寺院寮を同省内に設け、諸国寺院を管理せしめたが、翌年九月民部省廃せらるるに及び、寺院寮も廃せられ、一時大蔵省で社寺に関する庶務を司ることとなった。明治五年三月十四日神祇省を廃し、新たに教部省を置いて専ら大教宣布に関する事務を掌らしめた。この時嵯峨実愛《さねなる》は教部卿、福羽美静《ふくばびせい》は教部大輔に補せられた。同年四月教導職を設け、神官、僧侶、国学者、儒者、その他の適任者を選任し、布教の方針を一定せんが為に、左の通り三条の教則を制定し、庶民を教導することを命じた。

第一条　敬神愛国ノ旨ヲ体スベキ事。

第二条　天理人道ヲ明ニスベキ事。

第三条　皇上ヲ奉戴シ朝旨ヲ遵守セシムベキ事。

右之三ヶ条兼テ奉体ノ上、説教等ノ節ハ尚能ク注意致シ、御趣旨ニ不二相悖一様、厚ク相心得可レ申候事。

壬申四月

福羽教部大輔
嵯峨教部卿

三条の教則は又三条の教憲（三条の教則を神道家等で教憲と称するも、憲は憲法、国憲等根本法に用うべきもので、一時的の本三条の如きは教則とするを妥当とするのみならず、当時実際に当った人々に直接聞いたのによると皆教則と言ったとのことである）とも称し、専ら皇室中心、敬神主義を旨とし、もとより神仏二教の弘通とは特異のものであった。けれどもこの趣旨を国民一般に知らしむる便宜上、主として神官僧侶を教導職に採用し、六月西本願寺光尊、東本願寺光勝、建長寺元志は大教正に、東本願寺光瑩、興正寺摂信は権大教正に七月浄土宗の知恩院俊光（姓山本、佐渡の人）は大教正に補せられたのである。そして教導職には大教正、権大教正、中教正、権中教正、少教正、権少教正、大講義、権大講義、中講義、権中講義、少講義、権少講義、訓導、権訓導の十四の等級があった。

五年五月には各宗管長代理人を定むべきことを教部省から達せられ、各宗を代表するものを選定させた。これより前三月、凡て教義上の訴訟判決即ち異安心の裁判も、教部省において取り扱うに至ったなどは、廃仏毀釈の方針から、やや仏教保護の傾向あるに至ったものと見られる。

今般教部省被レ置候に付ては左の件々願伺等総て同省に可二差出一事。

一、社寺廃立及祠官僧徒等級格式等の事。

一、新に祠官を被レ置僧尼を度する事。

一、教義に関する著書出版免許之事。

一、教徒を集会し教義を講説し、及講社を結び候者免許之事。
一、教義上の訟訴を判決する事。
　壬申三月

又この年迄は本願寺法主の巡回布教さえ禁ぜられてあったが、これまた三月から大蔵省の布達を以て、石川県（但し今の石川、福井、富山）を除き三条教則及び勧財に関する制限の下に、漸く布教を許可せられた。

両本願寺より諸国の門末門徒をして、皇政の仁恵と宗教の真理を開導せん為、教諭大意と云ふ書を以て巡回の儀を奏せしに、御許容相成左之通府県へ布達候也。
両本願寺法主門末教導の為め巡回の儀、被㆓差許㆒候に付ては、自然教諭に托し、勧財等の儀も相聞候はゞ、事情調査の下、速に可㆓申出㆒此段兼而相達候事。

この後十年頃迄石川県に知事であった内田正風が、本願寺法主の巡回を許さなかった理由は、法主の巡錫は人民をして業を抛ち、無益に時間を費さしむるからであると、然るに内務少輔前島密はこれを難じ、法主を巡錫せしめないと、門徒等は却って金銭を貯蓄して、毎年多くの時間を費し、京都まで遥々参詣に出るから、これはむしろ県治のためでなかろうと、ここにおいて正風大いに暁《さと》るところあって、石川県にも巡錫を許すこととなったとのことである。

さて五年五月教導職養成機関たる、大教院の設置に関し、各宗連印を以て長文の建白書を教部省に提出請願して採用せられた。そこで七月大教院設立係の選定に当ったのは左の七名である。

相国寺独園、総持寺奕堂、興正寺摂信、無量寿院道応、浄国寺徹定、仏光寺（代）達性、法華寺日因。

初めは麴町紀尾井町の紀州家長屋を以て仮大教院に充て、各宗寮を異にして二三百の生徒を収容した。後芝増上寺に定め、又十一月地方大小神社及び寺院を以て小教院とし、各檀信徒の子弟を教導布教せしめ、毎府県には神仏教導職より成る一の中教院を置き、十二月独園大敬院教頭に、光尊副教頭になった。六年正月麴町の大教院に神祭を行い、四月法談説法等の名称を廃し、説教と称せしめ、恣《ほしいまま》にこれを行うこと、及び梓巫《あずさみこ》、市子《いちこ》、憑祈禱《つききとう》、狐下げ、玉占《たまうら》、口寄《くちよせ》等を禁じ、僧位を廃したのである。同月増上寺大殿を大教院に献ぜしめ、二月これに移すこととなった。大教院は本来神仏合併教院であるが、神祀を以て大本としたから、大教院たる増上寺の本堂から阿弥陀仏を撤去し、代うるに内陣中央に、天御中主神《あめのみなかぬしのかみ》、高御産霊神《たかみむすびのかみ》、神産霊神《かみむすびのかみ》（造化三神）、天照大神を奉斎して御幣三本と鏡三枚を安置せる牌壇を設け、山門の前には鳥居を立て、山門の上にあった十六羅漢は菰包として倉庫の中に入れ、各宗祖師の像は十六羅漢の代りに置かれた等、その他内外の光景数々の奇観を呈した。

大教院開院式には、両側相対して一方には烏帽子直垂の神官、他方には円顱方袍《えんろほうほう》の僧侶がその座を占め、神官の大教正田中頼庸《よりつね》等が最も勢力を振った。僧侶もこの日には御手長式とて、神前において八脚の台に鳥、魚、野茶を盛り、御供物を捧ぐるのであるから、大谷光勝、久我環渓等の各宗主、自ら拍手の練習をしたのである。又僧侶で教部省の教員となったものに、本願寺派の大洲鉄然、木下靖、東本願寺の箕輪対岳、松本白華、加藤九郎等があり、曹洞宗には越前の田倉岱州、これに続いて浄土宗増上寺の寮主であった神林恭運もあり、これ等は皆開院当日鳥帽子直垂を著け、神饌を供し、三条の教則を説き、明治六年二月に至り次の十一兼題を設けた。

神徳皇恩の説、人魂不死の説、天神造化の説、顕幽分界の説、豊国の説、神祭の説、鎮魂の説、君臣の説、不死の説、夫婦の説、大祓の説。

この月に専修寺常磐井尭凞も大教正に補せられた。尚維新政府の綱要を庶民に諭示するの料として、新たに次の如き十七兼題を講じたのであった。

皇国国体、皇政一新、道不レ可レ変、制可レ随レ時、人異二禽獣一、不レ可レ不レ学、不レ可レ不レ教、国治民法、富国強兵、律法沿革、租税賦役、産レ物製レ物、文明開化、政体各種、役レ心役レ形、権利義務、外国交際。

斯く種々の形式は整ったが、教導職は三条の解明以外、仏教の事には、一言も触れてはならなかったので、仏教以外新知識のなかった一般僧侶は、この三条の教則、十七兼題の宣布に困難を感じた。そこで大教院からは、『教会新聞』を各宗寺院に購読せしめたが、容易にこれを会得しなかった。江州真宗本願寺派即往寺勧学瑕丘宗興《きずおかしゅうこう》の如きは、この両兼題を合し『二十八題弁略』二巻を編纂し、開版して理会せしむるに力めた。

要するに教部省と云い、大教院と云い、仏教本来の教義教理を無視したものであったとは云え、これが設立によって僧侶が幾分でも神官の勢力範囲に進出し得たことは事実であった。が、然し尚依然神官に隷属していたのであった。されば明治五年正月、本願寺連枝梅上沢融に随い、赤松連城、堀川教阿、光田為然等と渡欧、海外視察中であった島地黙雷は、本国からの報告によってこの実状を知るや、要路の無法に憤激措く能わず、五年十二月遥かに書を教部省に送って、三条教則と宗教と混同せる事の不合理を指摘すると共に、教部省出仕の各宗僧侶に向っても問詰するところがあった。とにかく僧侶がやや政教関係を認識するに至ったのも、この頃からである。そして一向宗を真宗と公称する許可のあったのも五年三月で、東西両本願寺、興正寺、仏光寺、専修寺、錦織寺等が、維新における勲功により、華族に列したのもこの月であった。又同月光瑩は外教視察のため、石川舜台を随え渡欧した。それから九月に法相、華厳、律、融通念仏、及びその他の諸宗の中、別派独立本山等は、各所望によって総本山に附属せしめた。越えて明治六年西本願寺法主は、七月黙雷が世界的新知識を得て帰朝するや、俄然東本願寺法主と同じく新帰朝の石川舜台等の同意見を納れて先鋒となり、ここに信教の自由を絶叫した。そこで東西本願寺の説に賛同した伊勢の高田専修寺、江州の木辺錦織寺を加え、四派協約の根柢成り、大教院分離請願をなすに至った。尤もこれに対し、本願寺部下において興正寺の一派、及び仏光寺派、並びに他の諸宗は、皆非分離に加担し、仏教中にも二派に分れた。又時の教部大輔宍戸璣《たまき》は固く分離の説を容れなかったが、島地と同行して欧米を視察した参議工部卿伊藤博文は分離許可の意見を有し、政府もその所置に困惑したのである。それより各宗有力者聯合して、先ず朝廷の官吏を覚醒せねばならぬというので、明治八年一月左院に「諸宗寺院連名建白書」を提出した。

諸寺院連名建白書（ここには建白緒言を録したので、本文は別本として三万余言の厖大なるものにつき省略す。）

恭シク敬テ白ス。左氏伝ニ 皮之不《レンバ》ㇾ存《セ》毛将《タ》安《ニカ》伝《ツカン》トイヘルハ、是レ本有テ、末存スルノ謂ヒナリ、皮ハ是本ナリ。毛ハ是末ナリ。皮ナクンバ毛何処ニカ止マルコトヲ得ンヤ。国ハ本ナリ。道ハ末ナリ。国家モシ存セズンバ、我仏道何処ニ存スベケンヤ。国家先キニ立テ而シテ後ニ我仏道モ亦存スベシ。故ニ国家ノ安危ハ、須臾モ忘ルベカラズ。然ルニ仏道ノ興廃ハ、必ズ国家ノ安危ニ関係セザルコトヲ得ズ、ソノ故何トナレバ、已ニ千載已上、ソノ国ニ行ハル、ニ至テハ、仮令異邦ノ教ヘタリトモ、名ケテ固有ノ法トスベシ。我仏教皇国ニ来テ、已ニ千有四百年ニ及ブトキハ、且ツハ民心ニ薫信スルコト深ク、且ツハ天下ノ経済ノ道ニ於テ、闇ニ扶クルトコロアルベシ。然レドモ僧徒ノ時弊弥ゝ盛ニシテ、ソノ勢ヒ己レヨリ排仏ヲ免カレガタシ。故ニ僧徒ノ世ノタメニ、衆益アル処隠レテ顕ハレズ、若シ棄テテ排仏ノ利害ヲ弁ゼズンバ、是レタヾ何ゾ僧徒ノミノ憂ナランヤ、其禍延テ国家ヲ傾覆セシムルニ至ル。夫レ子ヲ視ルコトハ父ニ如カズ、病ヲ察スルコトハ誰カ医ニ及バンヤ。今コノ排仏ノ国家ノ大害タルコトヲ知ルハ、誰カ僧徒ニ及ブモノアランヤ。故ニ僧徒ノ弊ノ改ムベク、仏教ノ益ノ用ユベキ所以ヲ、別本ニ詳細ニ之ヲ論ズ。コノ旨趣領知シ玉ヘルコト、満朝ノ急務タルベシ。因テ忠告シ奉ルトコロナリ。恐誠惶敬白。

明治八乙亥年一月

東京府下両国　回向院

権大講義　福田行誡（齢七十二歳）

山梨県下甲斐国身延山　久遠寺

権少教正　新居日薩（同四十六歳）

若山県下紀伊国高野山　無量寿院

権大教正　密　道応（同七十歳）

石川県下能登国　総持寺

大教正　諸岳奕堂（同七十一歳）

京都府下西京　相国寺

大教正　荻野独園（同五十八歳）

左院御中

建白条目

一、挙《グ》㆘僧徒自《ラ》招《ク》㆓排仏《ヲ》㆒之罪《ヲ》㆖。
二、問㆔答《ス》排仏《ノ》可否《ヲ》㆒。
三、問㆘答《ス》僧徒衣㆔食《スル》国財《ニ》㆒是《レ》尸位素餐《カ》否《カヲ》㆖。
四、問㆘答《ス》僧徒《ハ》仰《キ》㆓官施《ヲ》㆒依《ル》㆓檀施《ニ》㆒是《レ》属《スルカ》㆓国害《ニ》㆒否《カヲ》㆖。
五、問㆘答《ス》仏教《ハ》虚誕《カ》否《カヲ》㆖。
六、問㆘答《ス》仏教《ハ》有《ルカ》㆓実効㆒否《カヲ》㆖。
七、弁《ズ》㆓勧懲之道教法殊《ニ》最勝《ナルコトヲ》㆒。
八、弁《ズ》㆓政教一致《ヲ》㆒。
九、問㆘答《ス》僧徒自《ラ》信《ズル》者寡《クシテ》而勧《ルノ》㆑人《ヲ》条理不《ルヲ》㆖㆑立《タ》。
十、問㆘答《ス》火葬《ノ》利害《ヲ》㆒。
十一、問㆘答《ス》諸記伝但載《セ》㆓僧徒之悪《ヲ》㆒不《ルヲ》㆖㆑載《セ》㆑善《ヲ》。
十二、弁㆔明《ス》僧徒立《ツルヲ》㆓十種《ノ》国益《ヲ》㆒。
十三、問㆘答《ス》僧徒出《デ》㆓父母之家《ヲ》㆒於《テ》㆓孝道《ニ》㆒虧《クカ》否《カヲ》㆖。
十四、問㆘答《ス》明君賢臣碩学大儒古来不《ルカ》㆑信《ゼ》㆑仏《ヲ》否《カヲ》㆖。

右に対し左院より次の指令があった。

僧侶之弊害ヲ除キ、仏法有益ヲ興スノ建白、為㆓参考㆒、本書留置候。此旨相達候事。

明治八年四月二十四日

史官（正院建白掛印）

爾来幾曲折を経て当局と交渉の結果、同月に至り分離の内示を受け、次いで四月に至り、教部省は左の布達を発した。

教　部　省

神仏各宗合併教院相立布教候儀、被㆓差止㆒候条、自今各自可㆑致㆓布教㆒、此旨教導職へ可㆓相達㆒候事。

明治八年四月三十日

太政官　三　条　実　美

その二月に東西本願寺は、既に大教院を脱し、ここに至って大教院は名実共に廃止となり、爾来各宗は独自の宗義を宣布することが出来、転宗転派も許され、鹿児島、琉球、朝鮮、支那の開教も認められ、隠岐における仏教の再興も許可せられ、信教自由の基礎ここに始めて定ったのである。

かくて大教院の制崩壊するや、仏教各宗中に夫々の大、中、小教院が立てられるという状態となった。日蓮宗では管長新居日薩を議長として大会議を開き、東京第一区に大教院、他九区に中教院を置き、大教院内に宗務院を置くに至った。仏教各宗中東西両本願寺は、各宗に率先して時勢に応じた布教伝道を講じ、八年東本願寺が小栗栖香頂等を派し、上海に別院を設立したるを始めとして、各宗これに次いで有為の僧侶居士、相協力して著しく教線を拡張した。そして一面には青年にして倫理哲学を始め、学術研究により、広く内外の新知識を求め、欧米の文化に接しようとする者が非常に多く、大谷派本願寺より九年六月笠原研寿、南条文雄の両名を英国に留学せしめたなどは、その一例であった。居士大内青巒《せいらん》は佐久間貞一、宏《ひろし》仏海等と明治七年七月より隔日発行の『明教新誌』を発行して仏教の報道機関とし、明治十二年には時の社寺局長桜井能監、及び大内青巒等相謀り各宗団体の会を設け和敬会と称した。これは神仏分離後において、仏教各宗の共同せる最初の挙であった。更に当代の学者、政治家、文芸家を始め、高官貴顕にして仏教の外護者たる者多く、信徒等も祖先以来信仰し来たった仏教の復興を見て、都鄙共に安堵するに至った。

明治九年四月には真宗協約を締結して、宗規綱領を編製し、この年十一月真宗の開祖親鸞に見真大師の諡号を賜り、翌十年には遂に教部省が廃止されたのである。

言論機関として六年東本願寺は『配紙』を発刊し、七年『美濃教義新聞』、八年佐田介石の『世益新聞』、大内青巒主筆であった『釈門哲学雑誌』などが発行され仏教の教理を闡明するに努めた。

第八節　各宗教団の重要変遷と監獄教誨

さて明治五年四月教導職設置令を発し、十四階級を分って宣布に当らしめ、五月各宗に教導職管長を推挙し寺院僧侶を取り締らしむることとなった。九月修験宗を廃し天台真言両宗に帰入せしめ、華厳宗を浄土宗の所轄とし、向岳寺輪住の制を廃して南禅寺の所轄とし、十月一宗一管長の制を定め、天台、真言、浄土、禅、真宗、日蓮、時宗の七宗各一人を置かしめた。十月徹定は浄土宗、堯凞《ぎょうき》は真宗管長に任じた。明治六年三月には金剛峰寺東寺の両山を真言宗総本山となすあり、四月光勝は真宗管長に任じた。七月神官僧侶の社寺什物を恣《ほしいまま》に処分すること並びに火葬を禁じた。十二月真宗各派では宗祖以下歴代の命日に太陽暦を用うることを約し、時勢に先んじたなどは、如何に進歩主義であったかを示すに足る。十二月増上寺炎焼したるは、同宗門にとって一大損失であった。七年二月融通念仏宗独立管長を置き、禅宗中臨済曹洞二宗の宗名公称を許し、黄檗宗を臨済宗に合併せしめた。三月真宗仏光寺派別立し、管長を置いた。四月日蓮宗徒の打鼓《だこ》喧噪群行を禁じ、又六月禁厭祈禱を以て、医薬を用うるを妨ぐるを禁じたなどは、爾来神仏ともに迷信の弊を除くに効果あったといわねばならぬ。法華宗では十一月日蓮宗一致（本迹一致の義にて、一致派とす）勝劣（本勝迹劣の義にて一致派以外勝劣八派）両派に各管長を置くこととなったのは、後に法華宗の九分派の多きを生ずる先例を置いたものである。八年正月増上寺に本山号を称せしめられ、同年七月大谷光尊は真宗各派管長に、八月妙心寺無学文奕は臨済宗管長に任じた。九年正月転宗転派の自由を許したのは、今日より見れば、却って真の信教自由の行われた感がある。而して二月日蓮宗一致派を日蓮宗と単称し、妙満寺、興門、八品、本成、本隆の五派独立して管長を置き、黄檗宗も独立した。四月日蓮宗不受不施派もまた分立し、五月各宗寺院に副住職を置くことを許した。東本願寺は明治九年小栗栖香頂、谷了然等を支那に遣わし、同年田原法水を琉球に渡航せしめ、翌十年八月上海に別院を創建して支那開教に着手し、十一月北京に直隷教校、上海に江蘇教校を創設した。この年朝鮮開教を企て釜山に別院を置き奥村円心を輪番心得として駐在せしめたのは、朝鮮開教の嚆矢であった。九月臨済宗の天龍寺、相国寺、建仁寺、南禅寺、妙心寺、建長寺、東福寺、大徳寺、円覚寺九派分立して各管長を置き、同月本願寺所轄であった興正寺も別立し、浄土宗西山派も分立管長を置いた。九月排仏の盛んであった鹿児島は布教の禁を解いたので、本願寺仮設教場を置くに至った。それから十月には東本願寺教会の結社を見、十二月大谷光勝真宗管長に任じた。その月教導職以上を公認僧侶となし、この月真宗五派合同協議して、宗規綱領を定めた。信州善光寺では明治四年以来同寺天台宗別当兼大勧進と浄土宗大本願との間に一大葛藤があり結んで解けなかった。で十年その十四坊は浄土宗に復帰したなどは、転宗転派の如何に自由であったかを窺知することが出来る。（由来善光寺は天台、真言、時宗、浄土の各宗に関係した歴史がある。）

十年正月教部省を廃し、内務省に社寺局を設け、四月真宗本願寺派、大谷派、専修寺派、木辺派、興正寺派別立各管長を置いた。九月維新朝廷と幕府との親和に隠れた勲功のあった静寛院宮薨去あらせられ、増上寺に葬った。その遺徳は教界に少からぬ光輝となったばかりでなく、女子の鑑と仰ぎ奉るに至ったのである。十二月東本願寺の琉球布教を許された。

監獄教誨に関しては、政府が明治五年十一月監獄則並びに図式を頒布し、行刑の方針を明らかにした数月前、夙に囚徒を教誨して、仏教の因果応報、諸悪莫作の道理により、改過遷善の道を講ずることを唱道し、個人として率先その任に当った僧に、東京大谷派仰明寺対岳（後に箕輪姓を称す）があった。尤も明治三年獄署で神仏諸教の師を招いで徒刑者を訓戒せしむとあるが、定期の教誨師がなかった。これが対岳は同年から東京に駐在し、一面本願寺の使命を帯び、一面教部省出仕となり、五年七月本願寺管長を経て教部省へ囚徒教誨を出願し、許されて九月から巣鴨監獄で開始したのである。その説教には真宗の俗諦門に依り、三条教則を主として説明したと伝えられる。それから六年対岳は宮城県へ出張したので、大教院の一局たる真宗局で教誨師を継派した。七年以降その局の枢要なるものの所属は、真宗東、西本願寺、高田派及び木辺派であった。その中でも東、西、高田派の法主は順番一年交代で真宗管長の職に当ったため、当時の監獄教誨人名を見ると、多くは東西及び高田派に属したのである。横浜は六年四月神仏各派合同、千葉は六年監獄創設と同時に顕本法華宗本満寺坂本日桓、浄土宗大巌寺石井実禅と謀り、県下仏教各宗寺院の賛同応援を求め、日蓮宗新居日薩、真言宗金山尭範等と、百方奔走請願協議交渉の結果、個人有志として監獄に出張説教を開始した。前橋では明治八年、本派本願寺熊谷出張所布教使権中講義小野島行薫、本願寺代表として、監獄布教を企画し、真宗の信者であった熊谷県令揖取素彦に請願し、最初時々監獄に臨み布教したが、九年毎月一回巡回説教を嘱託せられた。長野は十一年西本願寺正法寺和歌月日誓が監獄教誨を試み、甲府は六七年頃時宗、浄土、真言、臨済、日蓮、真言、曹洞の七宗合同執務し、毎月三回一の日懲役場から男囚徒を獄丁引率し来たり、本堂で説教を聴聞せしめた。名古屋では明治五年七月、大谷派乗西寺鵜飼啓潭、時の県知事徳川慶勝に教誨を出願し次の如き認可を得た。

啓　潭

右隆盛ノ　聖化ヲ感戴シ国恩ノ万一ニ報ゼンガ為メ例月二回。救育、徒刑ノ二場及獄中等ヘ罷越シ三条ノ大旨ヲ主トシ交フルニ仏教因果応報ノ説ヲ以テ衆徒ニ説諭シ過去ヲ懺悔シテ改心自新ノ地ニ導キ度申立之趣、奇特ノ儀ニ付聞届候、精々説導作興之功可二相立一候事。

壬申七月

愛　知　県

そこで啓潭は毎月二回、日曜日又は祝祭日に教誨を開始した。岐阜では本願寺派願誓寺舟橋了要、六年四月県令小崎利準及び駒田副典獄に交渉し、一週一回獄内にて教誨した。石川県では五年十月金沢大谷派西源寺小林祐鏡、本願寺派西勝寺西野慶雲に教誨を命ぜられたがその回数継続等不明である。福島県では福島町康善寺権中講義海野昇雲が、六年秋教部省出仕大洲鉄然、正親大宣の賛成を得、聴訟課長を経て県令に教誨を出願許可され、同寺広庭に仮小屋を設け、ここに獄丁の囚徒を引率し来たったものに聴聞せしめ、七年更に出願して爾来懲役場に臨み、毎日曜工場において教誨を行った。八年神仏合同の出願あったが、遂に実行に至らず、昇雲の外大谷派角田義立、十八年迄時々出勤するにとどまった。かくして各地中教院の奨励等により、篤志教誨師漸く多数を見るに至ったが、要するに真宗本大両派の教師が大抵無報酬教誨の任に当り、次期に至り監獄教誨を尊重する改正を見るに至ったのである。

第二章　神仏分離各宗復興の時期（明治十一年より同二十二年に至る約十二年間）

明治新政府によって放たれた廃仏毀釈の巨弾は、徳川三百年間伝統と保護とに鼾睡し来たった寺院僧侶をして未曽有の混乱に陥れたのであった。この時に当って奮然蹶起せる者は、仏教界の碩学大徳先覚者であった。彼等の中には内にあって弾圧の要路高官の蒙を啓くもの、或は遠く欧米各国の地を踏破し、彼の地の宗教制度、学術文物を視察研究し来たるものもあった。その結果は仏教自体から、神仏分離併存の主張となり、教団内政の整備となり、宗門教育の施設となり、次期仏教徒の覚醒時代に移る端緒を視るに至った。歴史的にこれを見れば即ち明治十年頃から、二十二年の憲法発布により、信教自由となった時まで凡そ十二年間、各宗復興の時期である。同時に明治六年キリシタン禁制の高札が撤去されてから、疾風の勢いを以て入り来たったキリスト教は、欧米先進文明国の背景と、その物質的実力とにより、当代の欧化主義人士に歓迎され、旗鼓堂々神仏両教に迫り来たったのである。

然るに国体上及び学理上より、何れも新宗教に対する疑惑が、当の為政者、学者、有識者の間に生じ、却って仏教の彼に勝れることを認識し、これを維持するは勿論のこと、復興の必要を感じて来た。その結果は明治十年の教部省廃止となり、十五年神官の教導職兼補を停止し、次いで十七年八月太政官布達第十九号を以て教導職を廃し、社家神道と宗教神道とを別立するに至った。而して仏教十三宗の各派は、漸次に独立し、同時に神道、儒教並びにキリスト教に対し、或は宗教無用論者に対し、宗教的価値の優劣を、理論と実行上より比較せられねばならぬこととなった。

第一節　神仏分離と太政官布達

明治四年より台湾征伐、征韓論、佐賀の乱、神風連の騒動などあり、遂に十年西南役となった。かく内憂外患がつづき、国内はすこぶる騒擾を極めたので、かかる折に仏教徒を抑圧し、不平を抱かしむることは、国民の思想を統一する上よりも、決して得策に非ざることに、政府の大官も目醒むるに至った。そこで明治八年一月、建白書等による有力なる仏教徒の輿論を容れ、神仏分離共存の方針に出で、大教院を廃し、諸宗各別に学校を設けしめ、明治十年教部省を廃して、その事務を内務省社寺局に移した。次いで十五年には、国民の道徳意識としての神祇と、宗教意識としての神道とを明らかに区別し、神官の教導職兼補の制を停止した。明治十七年八月太政官布達第十九号以て教導職を廃し、神仏二教とも、その事務を各宗管長に委任することを定められた。その条文は次の如きものであった。（これは昭和十四年三月二十三日、宗教団体法案が議会通過決定に至る迄、仏教各宗派寺院、僧侶、教師の行政を行う基礎法令であった）。

自今神仏教導職ヲ廃シ、寺院ノ住職ヲ任免シ、及教師ノ等級ヲ進退スルコトハ、総テ各管長ニ委任シ、更ニ左ノ条件ヲ定ム。

第一条　各宗派妄リニ分合ヲ唱ヘ、或ハ宗派ノ間ニ争論ヲ為スベカラズ。

第二条　管長ハ神道各派ニ一人、仏道各宗ニ一人ヲ定ムベシ。

但事宜ニ因リ神道ニ於テ数派聯合シテ管長一人ヲ定メ、仏道ニ於テ各派管長一人ヲ置クモ妨ゲナシ。

第三条　管長ヲ定ムベキ規則ハ、神仏各其教規宗制ニ由テ之ヲ一定シ、内務卿ノ認可ヲ得ベシ。

第四条　管長ハ各其立教開宗ノ主義ニ由テ、左項ノ条規ヲ定メ、内務卿ノ認可ヲ得ベシ。

一、教規。

一、教師タルノ分限、及其称号ヲ定ムル事。

一、教師ノ等級進退ノ事。

以上神道管長ノ定ムベキ者トス。

一、宗制。
一、寺法。
一、僧侶並ニ教師タルノ分限、及其称号ヲ定ムル事。
一、寺院ノ住職任免、及教師ノ等級進退ノ事。
一、寺院ニ属スル古文書、宝物、什器ノ類ヲ保存スル事。
以上仏道管長ノ定ムベキ者トス。

第五条　仏道管長ハ各宗制ニ依テ、古来宗派ニ長タル者ノ名称ヲ取調べ、内務卿ノ認可ヲ得テ之ヲ称スルコトヲ得。

右布達候事。


明治十七年を一劃期として、官辺からの圧迫は表面一先ず解除され、仏教各宗派は曲りなりにも、自治の形態を整えることとなった。明治十八年三月政府は各宗に命じて、宗制寺法を一定せしめたので、十九、二十年頃迄に、各宗はそれぞれ宗制寺法を定めて政府の認可を得たが、その組織は大体において、一宗の宗制は、その宗議会の協賛を経るか、或は該宗内局の諮問機関を設けてこれを諮問するかの方法を出でなかった。この時の西本願寺の集会《しゅうえ》は、その立憲的にして、且つ最もよく代議制の真髄を捕えていた点において、議会制度の範を示したものであると評された程であった。

第二節　教界の人物と外護者

明治維新の復古的思想は、当然の結果として神道の擡頭となり、文明開化の大勢は、やがて欧米崇拝の風を馴致した。かかる思想界混乱の時に当って、最も打撃を受けたものは仏教である。さなきだに徳川三百年間、その政策の犠牲となり活気を失った仏教教団は、突如として廃仏毀釈の大旋風のために、微塵に粉砕されたかの感あった。が、いわゆる「国乱れて忠臣現れ、家貧しゅうして孝子出づ」の喩えに洩れず、この時に当り各宗人材雲の如くに起り、辛くも仏教の頽廃を未倒に輓回したのである。

浄土宗の福田行誡はその徳望と詞藻とにおいて第一人者であり、養鸕《うかい》徹定また学識徳望において勝れていた。真宗には西本願寺法主大谷光尊あり、徳望識見共に卓越し、その左右に末弟摂津本照寺日野沢依、周防妙誓寺島地默雷、同覚法寺大洲鉄然、福岡明蓮寺安国淡雲、同徳応寺赤松連城、周防善宗寺香川葆晃、肥後光照寺原口針水等をはじめ、宗門には幕末周防の月性と勤王の大義を唱えた安芸の宇都宮黙霖、東京芝光明寺石上北天《いわがみほくてん》、江州円照寺勤学水原《みずもと》宏遠及びその息慈音、覚成寺超然、京都願成寺与謝野礼厳《れいごん》、妙覚寺長谷川楚教、摂州常見寺利井明朗等があった。東本願寺法主大谷光勝の下に、越中道林寺石川舜台、越前憶念寺南条神興、加賀本覚寺渥美契縁《かいえん》、豊後妙正寺小栗栖香頂等の人材が、教学布教に与って力があった。日蓮宗の新居日薩、その門下に森本文静、脇田尭淳、清水梁山等があった。真言宗の釈雲照、泉湧寺佐伯旭雅《きょくが》、仁和寺別所栄厳、天台宗の赤松光映、桜木谷《さきや》慈薫、奥田貫昭等は、何れも道俗教化にその功が尠《すくな》くなかった。殊に奥田貫昭は浅草寺伝法院に住して、仏教青年の指導に尽力したのである。その他碩学として臨済宗の荻野独園、由利滴水、今北洪川、橋木峨山、黄檗宗多々良観輪等は、曹洞宗の総持寺独住第一代諸岳奕堂《もろたけえきどう》（旃崖《せんがい》の字）久我環渓（明治八年六月前細谷の姓なりしも、久我通久の許可を得て本籍を同家に移し改姓）瀧谷琢宗《たくしゅう》、西有穆山《ぼくざん》、原坦山、辻顕高、北野元峰等と雁行して、皆当代の名流であった。中において奕堂会下《えげ》最も人物を出し、琢宗最も宗政に長じ、夫の洞上在家化導《ざいけけどう》の準拠たる明治二十三年完成の『曹洞教会修証義』は、畔山楳仙管長当時大内青巒の慫慂により、琢宗、楳仙その中心となり編したのである。坦山に至っては奇行すこぶる多く、その著『惑病同源論』は大いに世に行われた。又坦山は十二年初めて東京帝国大学インド哲学講師となり、大谷派の吉谷覚寿これに次ぎ、仏教を学界に重からしめた功績は特記すべきである。

かく仏教が発展の域に足を踏み出したのは、一には金剛不壊《ふえ》の信仰によるが、同時に仏教教理そのものの価値が、西洋の学術宗教と比較して、優れるとも劣らぬ点ありと認むる、学者、教育家、政治家の出現が、年一年多数となり、これ等の人々が直接、又は間接に仏教を援助し、外護したことに依るのであった。

大内青巒（名は退）居士は外護者の第一人者であった。青巒は仙台の人、儒を大槻磐渓、舟山江陽等に、仏典を福田行誡、原坦山等に学び、その薫陶を愛けた。夙に儒仏その他の学に通じていたが、その名が江湖に喧伝せらるるに至ったのは、明治五年豊後の儒者で、当時の編輯官たりし広瀬林外の『尼去来問答《ニコライ》』に対し、『駁尼去来問答』と題し、憤然筆を呵して林外の所説を以て我が国体を汚損するものなりと論じ、論旨行文共に林外をして顔色なからしめた。この名声学識文才を聞き、仕官を慫慂するものもあったがこれを退け、その頃から大谷光尊の講読に侍し、仏教各宗の間に融和共力の連鎖となり、且つ自ら仏教擁護をもって任とし愛国護法の運動に全力を傾注したのである。明治六年に太政官が火葬禁止の令を出すや、左院に対する数回の解禁建白により、木戸孝允を動かし、三条、岩倉の諸公に具陳し、遂に明治八年解禁の沙汰を出さしめた。明治七年九月には仏教精神を基礎とし、泰西の制度文物を攻究する目的のもとに、同志小野梓、石上北天、馬場辰猪、井上毅、尾崎三郎、矢野文雄、岩崎小次郎等を招き、当時の進歩主義の一団を網羅して共存同衆を組織した。またこの頃より外山正一、菊地大麓、辻新次等と尚学会を起してその編輯を司った。それから学術演説の公開により人心を啓発し、『あけぼの』『江湖新聞』『明教新誌』等の刊行に主筆となり、別に佐久間貞一、保田久成、宏仏海と計って活版業秀英社を創始した。また山尾庸三、前島密、野村靖、中村正直等と共に、福田会等の慈善会を結び、或は盲啞教育事業を創め、二十二年正月には尊皇奉仏大同団を起し、その他著書に、演説に、明治の維摩詰《ゆいまきつ》と称せらるる程、東奔西走仏教の鼓吹に尽力したので、教界これがために千鈞の重きをなした。棚橋一郎、辰巳小次郎、桑田衡平、長瀬時衡等も在俗の身を以て仏教に好意を寄せ、進んで護法の運動に参加した人々であった。

この頃組織された和敬会は、毎月一回東京本郷区切通の麟祥院や、芝青松寺で開かれ、大谷派の僧で後にユニテリアン教会に入った佐治実然や、品川の大谷派僧平松理英、その弟浅草の中山理賢等が中心となり、各宗の僧侶を会員として手を分ち、全国に仏教の宣伝をした。京都では東本願寺の渥美契縁が主となり、仏教講読会を起し、雲英光耀《きらこうよう》、広陵秀英等の学僧が、因明《いんみょう》や倶舎《くしゃ》などの専門講義を、官吏や学校の教師に講説したことがあり、東京の明治会堂でも毎月仏教講読会を開いた。西本願寺の島地黙雷は明治八年から、鳥尾得庵と協議して、麹町中六番町に白蓮社を開き、山県有朋、三浦梧楼の両将軍等を始め、有識求道の人々を集め、毎月講筵を開き、当時の思想界を動かした。

憲法発布の頃から教界の人物や僧侶の子弟で、帝都に集る者次第に多く、これ等の中心人物に指導せられ相提携する様になった。この外中央には森田悟由、村田寂順、脇田尭淳、加藤恵証、日置黙仙、石川素童、蘆津実全、北野元峰、高志大了、権田雷斧、土宜法龍等があり、地方には鎌倉に釈宗演、大阪に利井鮮明、九州に七里恒順、豊田毒湛、北陸に姫宮大円、簑輪対岳、東北に海野昇雲、北畠義林等は傑出していた。

第三節　学術と新研究の勃興

神仏分離後の神道は神祇崇敬、報本反始の国民道徳思想で、その宇宙観、人生観或は未来観等の宗教思想に至っては、遂に仏教の幽邃深遠なるに及ぶべくもなかったのである。故に仏教は一時国政刷新の傍杖を被ったもので、国家多数の有識者が仏教に帰依し、欧米新来の学術宗教に対抗することとなったのである。仏教界の先覚者は世界の大勢に触れ、新知識に接して覚るところあり、旧慣や因習を一洗して、仏教の本義に基づき、末節因襲にこだわることなく、如実に国民精神の振作指導に尽瘁し、真の教導職たるべく発奮するに至った。その事実として本派本願寺では、既に明治五年連枝梅上沢融《うめがみたくゆう》、島地黙雷、赤松連城等をして、英独をはじめ、欧米、インド等を視察せしめ、十一年今立吐酔を米国に、十三年北畠道龍を主としてドイツに、十五年藤枝沢通、藤島了穏、菅了法を仏英に留学せしめ、欧米の学術を修めさせたなどは、明如宗主が、明治天皇の知識を広く世界に求めよとの聖旨に副うようとの趣意にも出で、又教団の改革に資する為でもあった。

欧米新思想の中で、一時地球説と須弥山《しゅみせん》説との是非について議論の喧しかった頃、西本願寺の学匠で禅を修行した佐田介石が、十二年には『仏教創世記』を著し、仏教の須弥山説によって地動説を破斥せんとし、視実等像儀器を工夫発明してその詳説二巻を著わしたなどは、今日より見れば過渡期の反動説たるに過ぎざるべきも、明治仏教徒の意気を壮とする、一実例と見るべきである。そして彼は経済を論じ、東洋の新思想を以て西洋の文化に対抗しようと、種々の社会改善計画を試みたのであった。

明治六年キリシタン禁制の高札が撤去せられ、キリスト教新旧両教各派がいずれも競って侵入し来たり、盛んに布教を開始したのである。これに対し新旧約全書や『天道溯源』等に依ってキリスト教を研究し、既に明治八年頃バイブルに対して、『自語相違』と題し、キリスト教義上の矛盾、自家撞着を指摘し、攻撃した著書が出版されるに至った。この時に当って神道、仏教、儒教の三教は団結してこの外来のキリスト教に反対した。儒者にしてキリスト教を非難したものは、安井息軒、佐田白芽、内藤恥叟、岡本韋菴、葵川信近等であり、神道家又は国学者では青柳高鞆、久保季茲であり、仏教家として養鸕徹定、島地黙雷、大内青巒、島尾得庵、田島任天、富樫黙恵、村上専精、井上円了、藤島了穏、北畠道龍等があった。この共同の敵を前に控えて、神、儒、仏三教を打って一丸として出来た結社が、即ち日本国教大道社である。その創立者は山岡鉄舟、及び鳥尾得庵等であったが『大道叢誌』を発行して、盛んにキリスト教を攻撃したのは川合清丸であった。次には学術上から仏耶両教を比較し始めたものがある。殊に哲学上から仏教に価値を認め、儒教も、キリスト教も、この点において及ばぬことを批評し紹介したのは加藤弘之、井上哲次郎、沢柳政太郎等の学的比較研究によるといわねばならぬ。東本願寺派出身の井上円了（号甫水）は、明治十七年帝国大学哲学科在学中、棚橋一郎、三宅雄二郎と三人幹事となり、哲学会を組織して神田橋外学習院応接室で加藤弘之、外山正一等欧米に学んだ人々と会合し二十年『哲学雑誌』第一号を発行した。それから同年当時の思想界宗教界を驚倒し、すばらしい人気を以て読まれた『真理金針』『仏教活論序論』及び『破邪活論』を著わし、別に三宅雄二郎、辰巳小次郎、島地黙雷等と政教社の創立を計画し、二十一年雑誌『日本人』を発行して国粋保存、日本主義の建設に邁進した。この頃夙に仏教界の破邪顕正、ヤソ教退治演説家として、各地に来往しその広長舌を振い、書を著わし、一般人を感動せしめたものに藤島了穏、加藤恵証、居士として神原精二、田島任天があった。又東京において主に本派本願寺を中心とし、各宗の報道機関として干河岸貫一、山本貫通等の経営した隔日発刊の『奇日新報』があった。後に京都に移り、安藤龍暁編輯に当ったのは教界の動向を知るに裨益したものである。明治九年真宗本派の小野島行薫は、関東地方を中心に酬恩社を創設し、四恩の意義を布衍して仏教殊に真宗の教義を宣伝し、明治十一年島地黙雷その事務総理となり、求念院藤枝令堂布教の任に当り、十四年には社員官民僧俗全国に二十万を算するに至った。が十六年五月本山で真宗本願寺派教会を結社設立実施せらるるに至ったので遂に解散した。

明治十一二年頃外国からの雇教師フェノロサが帝国大学に於いてカント、フィヒテ、ヘーゲル等の哲学を講じたので、純正哲学の上からキリスト教の浅薄なることを知るに至った。又ドレパーの『学問と宗教との衝突』も翻訳せられ、ダーウィン、スペンサー等の進化論を楯に彼を攻撃する議論や、ルナン、ストラウス等の思想に対する批評も行われ、破邪顕正の声巷に満ち、破邪顕正ヤソ教退治は都鄙寺院の間に一時盛んに流行した。十七年正月本願寺派の北畠道龍はドイツに学び、インド及び欧米視察より帰朝して東京に法話所を設け、僧侶改良論を高唱し、仏教大学を設立せんとして諸国に遊説したのであるが、端なく教界の反感を買い、為に晩年逆境に終ったが、一時は仏教青年を発憤せしめた。又英国の大学に梵語を始めとし、哲学宗教を修めて同年五月帰朝した南条文雄は、到る処で和英梵漢対照の講演を試み、西洋における仏教研究の旺盛なることを紹介した。梵語の講義や、海上在二浮木一、飄然去復来、人生総如レ此、相遇亦難哉とか無言の行などは、島地黙雷の七仏通戒偈や、仏心説、大内青巒の運鈍根の説などと共に、仏教青年をして暗誦せしめる程得意で繰返し講論せられたものである。これ等の運動は果して次の時期に入り、一般社会に大なる影響を与うるに至った。ここに特筆すべき一事は『大日本校訂大蔵経』（縮冊）四百十九冊の刊行である。これは東京弘教院発行で明治十三年六月に着手し、十八年七月を以て終ったが、我が仏典の研究をして長足の進歩を遂げしめた原動力であり、仏教文化史上における功績は不朽である。その発願者であり終始一貫献身努力した島田蕃根とこれを賛助した福田行誡の名は、教学界にとって牢記しなければならない。釈雲照は律師として小石川目白台に新長谷寺を創し、官民並びに学界知名の士を教化し、経典を講じ、十善戒を授け、二十二年十善会を設立し、真言宗僧侶に戒律を厳守することを勧説し、その高徳に帰依するもの多数であった。

　十四年七月松方内務卿は乙第十五号で監署雑則並びに書記看守長以下分掌例、傭人分課例を定めた。その中に教誨師に関する規定が次の通り出ている。

教　誨　師

一、改過遷善ノ道ヲ講説シテ囚徒ヲ教誨ス

かくして九月太政官達第八十一号で監獄則を定めた中に次の二箇条は教誨が重要となり、随って教誨師待遇が改善せるに至ったことが窺われる。

第九十二条　已決囚及ビ懲治人教誨ノ為メ教誨師ヲシテ悔過遷善ノ道ヲ講ゼシム。

第九十三条　教誨ハ免役日又ハ日曜日ノ午後ニ於テ其講席ヲ開クモノトス。

最初刑務本支所に教誨を開始したのは、神道仏教各宗合同八箇所、仏教各宗合同八箇所、心学、神道仏教合同一箇所、心学二箇所、神道四箇所、華厳宗一箇所、真宗本派十六箇所、真宗大派三箇所、真宗高田派二箇所、真宗本大両派合同三箇所、神道と真宗本派合同一箇所という数で、教家から請願して受刑者を教化した状況であるから、費用はすべて従事者の自弁で、往々手当や旅費として僅かの支給あったが、中にはそれすら辞退した程であった。それがとにかく十四年には教誨の価値が明らかに認められ、教誨師として官制に規定せられたのである。そして十五年以後には各宗合同勤務は漸次止み、一宗一派単独で教誨の責任に当るのが多くなった。そうなると最も教誨に適任者のあるのは真宗東西両本願寺であるから、全国の主要教誨師は両派の布教師がこれに当ったのである。かくして二十二年七月勅令を以て監獄則改正し、ついで内務省令で監獄則施行細則、分掌例を定められたが、教誨に関して次の条項があった。

監　獄　則

第三十条　囚人及懲治人ニハ教誨師ヲシテ悔過遷善ノ道ヲ講ゼシム。

同施行細則

第三条（在監人遵守事項中）

一、教誨聴聞ノ席ニ就クトキハ慎テ容姿ヲ正スベシ。

第九十三条　教誨ハ免役日又ハ日曜日午後又ハ平日罷役後又ハ休役間ニ於テ之ヲ行フベシ。

第九十四条　免役日及日曜日ノ教誨ハ教誨堂ニ於テシ休役間又ハ罷役後ノ教誨ハ被教誨者ノ居所ニ就キ之ヲ為スモノトス。

第百六条　懲罰ニ処シタル者アルトキハ、典獄若《も》クハ看守長時々其動静ヲ窺察シ教誨師ヲシテ之ヲ問ハシムベシ。

と規定され、分掌例第二章には、教誨師の職務として第二十八条から第三十七条まで規定されたのである。そこで教誨師の職責が重大となり、従って事務も専門に執るので、官吏に準ずる判任待遇を受くることとなった。

第四節　教育事情及びその施設

明治五年壬申六月二十四日、学制の御裁可を得、太政官は七月に準備を完了し、八月二日付を以て告示を発した。それには、学区、督学局、学区取締、小学校、中学校、師範学校、大学、専門学校、教員、学位、生徒及び試業、経費等を詳細に制定したものである。この方針に基づき、官学は長足の進歩を実現するに至った。

翻って宗門教育を見るに、明治元年正月京都西本願寺大学林では、宗乗の外に暦学、国学、儒学、破邪学の四科を置き、七月浄土宗では東京芝増上寺に興学所を設け、後勧学所と改めた。同月京都東本願寺では、護法場を高倉上馬場に設けた。大内青巒は僧侶を普通教育に従事せしめんが為に、明治八年頃既に東京府庁と謀って、小学教員伝習所を設けた。

京都にあっては明治五年三月石川舜台、渥美契縁等東本願寺の布教興学を一新するに着手し、六月高倉学寮を貫練場と改称した。明治七年石川舜台は同本願寺の教育課長となり、京都小学校創立の準備に着手し、同八年九月六日開校式を挙行した。

その後十二年六月貫練場を貫練教校と改称し、十三年二月教師教校を育英教校に合併した。そして十五年十二月貫練教校を大学寮と復称するに至り、二十一年三月には京都府尋常中学校を経営し、十月名古屋に大谷普通教校、金沢市に共立尋常中学校を設け、力を普通数育に注いだ。これより前、同年四月西本願寺では赤松連城をして学林改正の任に当らしめ、専門、普通の二科を置き、普通学校の制度を取るに至り、宗余乗の外に漢文の句読、作文、算法、地理、史学、博物、物理を教授することとした。当時僧侶の学生を所化《しょけ》と称し、四月八日赤松連城は輿地誌略及び物理階梯を、藤島了穏は史学論講を、芸州の善照は算法の教授を開始し、十日から藤島了穏は英学、作文の両科をも担任教授した。更に十一月各県に小教校を設け、又は教員養成所を置き、翌九年十月学制を改め大、中、小教校を置くに至った。

曹洞宗では八年五月芝青松寺元境内に専門学本校を設立し、仮規約に基き六月開校することを全国末寺院に布達し、大教院廃止となるや、曹洞宗大教院を同所に仮設し、全国末派教導職を統轄した。九年専門学本校を青松寺から駒込吉祥寺元境内に移転した。以下明治十年以降における各宗の主なる教育施設を列記することとする。

十一年七月東本願寺は中教校を設け、十二年正月西本願寺では大教校を建設し、五月開校した。浄土宗では九年四月、徹定知恩院山内に華頂学校を設け、十二年芝増上寺山内に東部教校を、京都知恩院に西部教校を開校した。天台宗では明治六年、上野東叡山に学寮を再興して、天台宗東部総黌と称し、十八年更に面目を一新して、天台宗大学支校と改称するに至った。真言宗では十五年仁和寺、大覚寺の両大学林と共に仁和寺に移し、真言宗学徒の教育機関とした。曹洞宗では同年六月、専門学本校を吉祥寺より麻布日ヶ窪に移転して、十月新校舎落成開筵式を挙げ、曹洞宗大学林専門学本校と改称した。日蓮宗では新居日薩の計画により、明治十六年一月池上永寿院で第一沙弥校を開校し、九月九日開校式を挙げ、後十九年真間山《ままさん》弘法寺に移転し、二十五年頃廃絶した。

本派本願寺明如は、明治十七年九月私財を投じて普通教校を七条猪熊に設け、里見了念を寮長として十八年四月開校した。この普通教校からは高楠順次郎、今村恵猛、梅原賢融、古河勇（老川）、宝閣善教、酒生恵眼、桜井義肇、中島裁之、秦敏之、常光得然、高島大円、その他明治後半教学、操觚《そうこ》界に有為の人材を出したのであるが、二十一年五月に至り時勢に鑑みてこれを廃し、別に制度を改めて文学寮を起すに至った。

真言宗では明治十九年和歌山県高野山に古義真言宗大学林を設立し、同二十年四月東京小石川音羽護国寺に、智豊聯合の新義大学林を創設した。臨済宗では同十九年十二月、京都花園村に花園高等学院を創設した。浄土宗では明治二十年九月、宗門教育の機関として知恩院内大学林を浄土宗学京都支校、増上寺内東部大学林を浄土宗東京支校と改称し、浄土宗学本校を芝増上寺内天光院に設置した。学則は高等予科（五年）本科（二年）に分け、予科は浄土宗学支校卒業者を入学せしめたのである。そして予科修了者を本科に入学せしめ、志望により倶舎、唯識、華厳、天台の内一を専攻せしめたのである。二十二年正月東北支校を仙台善導寺に、二月愛知支校を名古屋西蓮寺に設けた。個人として井上円了は、同年九月神儒仏三道の哲理を講義する哲学館を本郷区湯島麟祥院内に創立し、大いに仏教哲理の活用を唱導し、各宗の学者並びに教界の重要人物を多数養成した。

明治二十年三月二日、池上本門寺で仏教高等普通学校の創立会議があって直ちに決議となり、大内青巒の発案で各宗聯合、麻布に校舎を設け、僧侶に高等普通教育を施すこととなった。支持者は新居日薩、瀧谷琢宗が主なるもので、校長大内青巒、幹事北越具戒、会計佐治実然などで、教員には三宅雲嶺、辰巳小次郎、黒川真道等もあったが、翌年日薩遷化して後その重要なる一方の支持者を失ったので惜しいかな廃校となった。

これより前明治十九年三月一日、文部大臣森有礼の名を以て、学校令が発布された。学校令とは、帝国大学令、師範学校令、中学校令、小学校令、及び諸学校通則を総称したものである。国内諸学校は、ここにおいて初めて秩序整然たるものとなり、尋常小学校、高等小学校、尋常中学校、高等中学校の順序を経て、帝国大学に進むこととなり、仏教寺院の子弟にしてこの階梯を経て大学を出づる者漸次その数を増すに至った。明治二十一年十月六日西本願寺では築地別院知堂木造等観、島地黙雷の内申により、上流婦人の為、同別院に令女教会を開設し、三条、毛利両公、山県、後藤両伯、三好、鳥尾子各夫人等を始め、女子有識者間に有力なる仏教の会を組織するに至り、四年後には一般真宗婦人会をも設立した。一方活気あるこの教学の黎明期において、或は欧洲の宗教事情を視察し、インドに仏跡を巡拝し、或は留学せる者は決して二三に止らない趨勢となった。二十二年二月より五月に至り、神智学会長米人オルコット並びにインド人ダンマパーラ来朝し、巡回講演をなして教界に多大の刺戟を与えた。

第五節　教団の状勢と人事概観

明治十一年二月政府の肉食妻帯勝手たるべしとの布告は、従前の禁を解いたのに止まり、宗規に関係なき旨を達した。これは戒律を厳守する宗派に対し当然のことであったから、事実妻帯肉食せる僧侶は、中には地方により、真宗に転ずる寺院さえあった。尤も手続として離末本寺換は、同宗派内においては本末寺協議し、他宗派においては、管轄庁に出願することとなったので、容易には断行し得なかったのである。同月本願寺派所轄の出雲路派、山元派、天台宗所轄の誠照寺派に別立管長を置くに至り、漸次宗派を分立するの状勢となった。三月浄土宗では三河以西を西部とし、遠江以東を東部として、一宗両管長を置くこととし、徹定は西部に、石井大宣は東部管長に任じた。五月仁和寺、大覚寺、広隆寺、神護寺、法隆寺、薬師寺、唐招提寺等別立真言宗西部と称して管長を置き、天台宗真盛派も独立して管長を置くこととなった。同月官有地の社寺境内外区劃決定せるものは無代下渡を許された。七月日蓮宗では久遠寺を総本山とし、本門寺、妙顕寺、本国寺、法華寺等を大本山と定め、十月日薩は日蓮宗管長に任じた。十二月には真言宗新古両派分立、各別に管長を置いたが、十二年正月釈雲照は越後国上寺大崎行智の意見を採用し、大成会議を開き、真言宗の大改革を断行し、四月新義派西部各管長を廃し、真言宗を一管長とすること、法衣は木蘭色を用い、戒律を厳守すべしということとなり、十九年に至って更に改正するに至ったのである。

八年比叡山華王院住職大講義多喜寂順（後十年村田と改姓）は九月梶井三千院住職となり、元親王宮及び摂家門跡旧尼宮等の各寺院無縁となり、金枝玉葉の遺跡の特に廃絶せんとするを憂慮し、建言書及び歎願書を作成、近くは京都府、遠くは三条太政大臣、岩倉右大臣等へ陳情、宮内省より寺門永続のため、年々下賜金を渡さるるに至り、九年下京妙法院住職となり、十二年参議大蔵卿大隈重信の尽力により、叡山延暦寺維持保存に年金を下賜せらるる道を講じ、寂順は十二年善光寺大勧進事務取扱兼務を命ぜられるや、天台浄土両宗の古規慣例を取り調べ、内務省へ調停の見込書を呈出し、その解決により大勧進と大本願と協和するに至った。

十一年十二月東本願寺所轄の三門徒派別立し、管長を置くに至った。十二年正月無檀無住の寺院は、その本寺法類の出願を待って廃止せしめた。五月福田行誡増上寺に住し、東部管長に任じた。十一月真言宗統一の制を定め、東寺を本山とし同寺住職を長者と復称することとなった。十三年正月清和天皇一千年忌大法会を清浄華院に修行し、二月西本願寺では仙台別院を創設して東北地方布教に当て、同月『龍谷新報』を発刊して、宗内の報道機関とした。五月福田行誡、畔上楳山《ばいざん》並びに大教正に補せられた。六月臨済宗東福寺派所轄の永源寺派は独立管長を置いた。七月には天皇京都行幸あらせられた際、十六日午前九時山陵御参拝の序を以て、文久三年七卿評議の遺跡たるにより妙法院に龍駕親臨あらせられ、住職村田寂順御先導、玉座に着御、御休憩の上陳列の宝物叡覧、午餐献上、供奉は伏見貞愛親王、三条太政大臣、伊藤内務卿、徳大寺宮内卿、佐藤大蔵卿等であり、一山の光栄であったばかりでなく、教界にとって少なからぬ感銘を印した。この月東本願寺系の『開導新聞』の発刊を見、十六年五月まで続いた。この頃仏人ビリオンは岸上恢嶺等につき仏教を学び、その他漸く外人の仏教研究に興味を有するものが出た。十四年六月西本願寺派を本願寺派、東本願寺派を大谷派と称することとなり、七月社寺に総代三名以上を選置し、三年毎に改選せしめた。

本派本願寺では明如宗主明治十年頃から議会制度の必要を認め、その準備として一月告諭を発して特選議員を常置し、以て本末の制規及び実際施行の順序等に関する件を議定せしめ、これにより各府県僧侶より組長を選挙して、十二年十月十日総国組長会議開催の布達を発し、十三年四月に至り開会、そこで小集会規則を議定これを発布して、全国各教区に小集会を開くこととし、十一月各教区総代会衆人員を定めてこれを発表し、翌十四年十月三日を以て第一回の集会を開設することとなり、この前三月二十七日宗主は特に全国法中、門徒中に左の消息を下附した。

予継職以来昨日けふと過せしに、はや十とせに近つき侍りぬ。殊に内外多難の折から不徳の身を以て重担を荷負し、これが為め身心を労し、悲歎の涙衣をうるほせし事も屢〻なりき。しかるに上　天朝の恩恵と、下門末の懸念に依て、今は何の障りもなく思ふままに布教すべき時となりしかば、予も瑣末の事務を後にして、専ら化導の一途に身心を委ね、伝承の法灯をかかげばやと念願を運ぶ所なり。是に依て二たび寺法をかたくし、集会を設け、いよ〳〵本末協和の

基を定め、派内の僧侶をして、もろともに興法利生の大任を負担すべき理をしらしめんとす。云々

かく本願寺の議会制度は帝国議会に先鞭をつけたのである。

十五年三月日蓮宗不施講門派が別立し、管長を置いた。

明治天皇は十四年六月、十五年五月の両度、産業奨励の尊き御思し召しにより、下総種畜場へ行幸の砌《みぎり》、成田山新勝寺を行在所として御駐駕あらせられ、住職原口照輪拝謁仰せ付けられ、特別の御思し召しを以て同寺へ金品の御下賜があった。十五年六月真言宗所轄法相宗独立管長を置くこととなり、千早定朝就任した。七月再び禁厭祈禱を以て医薬治療を妨ぐるを禁じた。十月守札及び神仏号を記載せる画像は、その社寺以外から出版することを禁じた。同年八月政府は托鉢の禁を解き、各管長より免許状を交付せしめたから、日光山各寺院をはじめ、廃仏毀釈の災厄を蒙った各地の寺院は、これにより再興の緒につく幾分の裨補を得た。

十六年正月より後七日御修法を復与し、東寺灌頂院において厳修し、御衣を奉還することを年例とするに至った。この御修法復興に関しては釈雲照の献言が与って力あったのは言うまでもない。この年雲照『国教論』、『宗教邪正弁』を著し、十善会を組織した。三月教会、講社、結集、説教所の設置を自由ならしむることとなったので、東西本願寺をはじめ真宗各派では説教所を諸方に設立し、講中結社は各宗寺院に多数結成せられ、団体参拝等も盛んに行わるるに至った。十七年八月天

台座主の公称許され、九月山岬日暲妙満寺派、敬沖文憧東福寺派、石窓承球建仁寺派、独園承珠相国寺派、滴水宜牧天龍寺派、貫道周一建長寺派、洪川宗温円覚寺派各管長に任じ、同月真言宗の長者は十本山住職一年交代の制を定め、各寺院住職の地位を平均に向上せしむる傾向となった。十一月には観輪行乗黄檗宗管長に、十二月藤原善融は山元派、秦教忍は融通念仏宗、釈日成は日蓮宗八品派管長に任じた。十八年二月木辺淳慈木辺派管長に任じ、三月政府は諸宗派に各宗制寺法を定め、その届出をなさしむることを通達したので、各宗急速にこれを制定することとなった。同月浄土宗では東西両部を廃し、五本山各一年交番管長の制を定め、養鸕《うかい》徹定管長に任じ、宗務所を浅草誓願寺に設けた。四月畔上楳仙曹洞宗管長、無学文奕妙心派管長に任じた。三月旧門跡寺院に限り門跡号の復称を許され、先ず東西本願寺、専修寺、仏光寺、五月毘沙門堂、妙法院、随心院、聖護院、仁和寺、円満院、滋賀院、錦織寺、七月興正寺、十二月輪王寺、十九年一月知恩院、その他を加えて二十四箇寺が門跡寺院として認められた。六月藤原善住山元派管長に、十月武田義徹時宗管長に、十一月高橋日恩日蓮宗興門派管長に任じた。この月金剛峰寺、仁和寺、大覚寺、三宝院、勧修寺、随心院、泉湧寺を真言宗と単称し、智積院長谷寺を真言宗新義派を公称することとなった。十一月三村日修日蓮宗管長に任じ、十二月輪王寺門跡号を復した。この年水谷仁海『仏法耶蘇二教優劣論』を公にした。又十三年弘教書院刊行の『大日本校訂大蔵経』は十八年に至って竣功した。

十九年正月知恩院門跡号を復し、三月日野霊瑞浄土宗管長に任じた。六月松平実因真言宗長者に任じ、浄土宗所轄華厳宗独立管長を置き、鼓阪存海管長に任じた。八月内務省社寺局に神社課、寺院課の両課を置き事務を分掌した。九月日下部日縁本成寺、本隆寺両派管長に、十月太田廓空浄土宗西山派管長に任じた。この月増上寺に浄土宗会議を開き紛擾を極めたのは、教界のために遺憾として非難せられた。

二十年正月正法大徹臨済宗南禅寺派管長に、三月日野霊瑞浄土宗管長に任じ、更番管長の制を廃し、宗務取扱を置くこととし、吉水玄信、秦義応の二人これに任じ、四月福田行誡知恩院に住し、吉水玄信増上寺に、佐藤説門金戒光明寺に、山下現有知恩寺に、神谷大周清浄華院に住職となった。四月天野日観は日蓮宗興門派管長に、五月行誡は浄土宗管長に任じ、宗務所を増上寺に置いた。六月吉水恭空浄土宗西山派管長に、七月園部忍慶法相宗管長に、二十一年正月能受日光日蓮宗八品派管長に、六月日野霊瑞知恩院に住し、浄土宗管長に、七月別処栄厳真言宗長者に、九月守日演日蓮宗本成寺本隆寺両派管長に、十月渋谷真意仏光寺派管長に、十一月富士日霊、日蓮宗興門派管長に任じた。

二十二年三月匡道慧潭妙心寺派管長に、四月稲葉日穏不受不施派管長に任じた。四月本願寺教会条例を定め、布教上の実行に資する所があった。四月瀧谷琢宗曹洞宗管長に、龍関古鑑建仁寺派管長に、四月品川日和日蓮宗八品派管長に、五月松山円瑞浄土宗西山派管長に、六月河野覚阿時宗管長に、九月貫道因一建長寺派管長に、坂本日桓日蓮宗妙満寺派管長に、十二月蓮形日暁日蓮宗八品派管長に任じた。

第六節　曹洞宗越能両本山問題

明治初年より曹洞宗大本山永平寺（越前にあるにより越山という）同大本山総持寺（明治三十一年炎上後、鶴見に移転前能登にありしより能山と称した）両本山確執紛諍は、すこぶる複雑した問題で、概略次の如き経緯があった。

元年二月永平寺貫首童龍（上村臥雲）京都に上り、関東三箇寺（曹洞宗の総録所、総寧寺、大中寺、龍穏寺をいう）の宗制撤去と永平寺を総本寺となすことを出願した。六月関東の総録制を廃し、政府は永平寺に学寮を創立し、宗門制度に関し碩徳会議を開催すべきことを沙汰した。そして同月総持寺をして輪番住持制を廃し、独住制となし、永平寺に昇住すべきを命じた。又政府は九月宗門制度碩徳会議員奕堂始め、十二人を任命した。然るに総持寺では永平寺を総本寺となすの不当を官衙に訴え、太政官では二年三月総持寺歎願の件を、東京で裁判する旨を通達したのである。それから同年十二月二十日、政府は永平寺及び総持寺とも本山たることを確認して末派を取り締らしめ、順位は永平寺を総持寺の上位とし、且つ総持寺の輪番制を廃止し、両寺の末派相互に転住することを禁ずるに至った。かくて両山はここに一層相対峙する状勢となった。

三年七月旃崖（諸岳奕堂）総持寺独住第一世となり、弘済慈徳禅師の勅号を賜わった。然るに四年四月、政府先に禁止した両本山末派の交互転住を許し、七月には法規宗制、総て旧慣に復せしむるに至り、永平寺は総本山の名を以て、全国寺院にその副達を発した。そこで九月総持寺では、同寺役局太寧寺泰成をして、四月の政府処置に対する意見書四箇条を金沢県庁を通じ、大蔵省に提出した。十一月に永平寺貫首童龍寂し、京都府興聖寺密雲（細谷環渓）その後董となり、十二月絶学天真禅師の勅号を賜い、紫衣参内を勅許せられたのである。

　明治五年三月大蔵省戸籍寮は、演達を以て両寺の諍論を止め、両寺一体たるべき要領五箇条を下し、同月両寺の協和盟約が成立した。そして二十九日永平寺密雲、総持寺旃崖連署して請書を、大蔵省戸籍寮に提出するに至った。この年曹洞、臨済、黄檗三宗の禅宗管長を合議鬮取《くじとり》の結果、当年の年番管長は天龍寺住職由利滴水が任じた。かく当時教部省では三宗を合して一禅宗としたのであるが、七年二月臨済、曹洞両宗の宗名称呼を認め、両派各別に管長を設け、年番管長交替制を廃した。但し黄檗宗は臨済宗に合附せしめた。同年三月越能両本山東京出張所の外に両山合併の曹洞宗務局を置き、全国録所の称を廃して曹洞宗務支局と称し、四月総持寺貫首諸岳奕堂管長に就任した。八年四月永平寺貫首大教正細谷環渓同管長に就任、かくして曹洞宗管長は、毎年四月両寺貫主一年交替で、九年奕堂、十年久我環渓（細谷改姓）十一年奕堂十二年環渓と順調に来たのが、十二年奕堂遷化したので十三年に至り、環渓管長を継勤した。十四年総持寺貫首畔上楳仙管長に就任、爾後十六年迄交替、十七年に至り永平寺貫首青蔭雪鴻管長に就任、十八年四月楳仙管長就任、五月曹洞宗制改正認可せられ、同年雪鴻寂し、十九年楳仙管長を継勤した。かくして、二十年永平寺貫首瀧谷琢宗管長に就任、二十一年楳仙、二十二年琢宗という順次管長で、さほど問題紛料は激甚でなかったが、次期に至って非常に拡大し、新聞紙上を賑わしたのである。

かかる紛料の機会に、明治十九年一月同宗末新潟県長興寺大道長安は、救世教開立の五箇条を決定し、二月救世会を設置し、三月救世教真実義を発表、観音の信仰を宣揚した。同県及び長野県等において同教の宣布に勤め、六月曹洞宗の僧籍離脱を出願した。依って宗務局は右に対し、七月十五日限り出頭すべきことを命じたるも、長安は召喚の命に応ぜず、ここにおいて管長楳仙は八月二十三日長安を宗内より擯斥したが、翌年四月救世会仮事務所を長野に設立して開会式を行い、一時その帰依者すこぶる多く、越後、長野、岩代、北海道等に十箇所の教会を設立し、二十二年には新潟県同会本院から雑誌『救世之光』を発刊するに至った。

第三章　信教自由破邪顕正の時期（明治二十三年より同二十九年に至る約七年間）

明治二十二年二月十一日、紀元節の佳辰を以て発布せられた大日本帝国憲法に拠って、信教の自由を宣せられてからは、神道、仏教、キリスト教の三教は、各《おのおの》その教義伝統に基き、布教伝道を盛んにした。この信教自由の憲法発布より明治二十七八年戦役頃に至る間に、仏教徒のキリスト教に対する破邪の鋭鋒はすこぶる激烈で、哲学、科学、教育の見地から批判し攻撃したのである。

かくて仏教はその合理的なこと、宗教としてその本質の卓越せることを、次第に学者間に認識され重視せらるるに至った。またフェノロサなどの欧米学者の推奨により、仏教芸術の価値が発見せられ、古仏像、仏画、仏堂などの鑑賞や研究も盛んになり尊重せらるるに至った。これに伴って東西官私学校の学徒に、仏教伝道の機運を開いたのは本期において特筆すべき、仏教人文史的精華である。次いで明治二十六年米国シカゴに開かれた世界宗教大会へ代表者を送り、仏教を世界に紹介する端緒を開くと共に、内にあっては同年六月各宗協和臨時大会を、本郷湯島麟祥院に開催して、各宗の親睦を図るが如き機運に向ったが、諸種の内訌もまたあった。が、それを漸次清算するに至り、各宗教団体は互に信教自由を理解するに至った結果、時代に順応した宗教家懇談会の事実となって現れ、本期末明治二十八九年各教とも互に相近接し、親昵したのは、宗教界の一大進歩というべきである。

第一節　信教自由と政教問題

明治十七年八月太政官布達第十九号に依って、各宗派は政府直属の関係を離れて、一箇の独立自治団体となったが、二十二年二月十一日大日本帝国憲法発布によって、次の如く信教自由が闡明せられた。

大日本帝国憲法　第二章　臣民権利義務　第二十八条　日本臣民ハ安寧秩序ヲ妨ケス及臣民タルノ義務ニ背カサル限ニ於テ信教ノ自由ヲ有ス

この条文により教界に新しい問題が投ぜられた。というのは、今まで準国教たるの観を呈して来た仏教と、新たに入り来ったキリスト教とが同一に取り扱われるに至ったことである。しかも彼には欧米新文明の背景と、外国の財的支援があるから、その勢力は容易に侮るべからざるものがある。而して江戸時代神祇崇敬を宗教の形式として発達した宗派神道は教団を組織し、我が祖先崇拝を主とせる儀式を行う外、別に種々の教綱を設くるに努めた。ここにおいて仏教は千数百年来、日本文化に貢献した歴史と、泰西学者の唱うる学理と、僧侶及び信者特に有為なる青年の奮起によって、この神道、キリスト教の両教に対抗せねばならぬこととなった。当時伊藤博文伯は『憲法義解』（明治二十二年六月一日発行）を公にし、次の如く第二十八条を解釈して、信教自由の憲法を闡明し、国教主義の国家に危険なることを、東西古今の歴史に徴して説述している。

中古西欧宗教ノ盛ナル、之ヲ内外ノ政事ニ混用シ、以テ流血ノ禍ヲ致シ、而シテ東方諸国ハ又厳法峻刑ヲ以テ之ヲ防禁セント試ミタリシニ、四百年来信教自由ノ論始メテ萌芽ヲ発シ、以テ仏国ノ革命北米ノ独立ニ至リ公然ノ宣告ヲ得、漸次ニ各国ノ是認スル所トナリ、現在各国政府ハ或ハ其国教ヲ存シ、或ハ社会ノ組織又ハ教育ニ於テ、仍一派ノ宗教ニ偏袒スルニ拘ラズ、法律上一般ニ各人ニ対シ、信教ノ自由ヲ与ヘザルハアラズ。而シテ異宗ノ人ヲ戮辱シ、或ハ公権私権ノ享受ニ向テ差別ヲ設クルノ陋習ハ、既ニ史乗過去ノ事トシテ（独逸各邦ニ於テハ、千八百四十八年マデ、仍猶太教徒ニ向テ政権ヲ予ヘザリシ）復其ノ跡ヲ留メザルニ至レリ。此レ乃信教ノ自由ハ、之ヲ近世文明ノ一大美果トシテ看ルコトヲ得ベク、而シテ人類ノ尤至貴至重ナル本心ノ自由ト、正理ノ伸長ハ数百年来間沈淪茫昧ノ境界ヲ経過シテ纔《わずか》ニ光輝ヲ発揚スルノ今日ニ達シタリ。蓋《けだし》本心ノ自由ハ人ノ内部ニ存スルモノニシテ、固ヨリ国法ノ干渉スル区域ノ外ニ在リ。而シテ国教ヲ以テ偏信ヲ強フルハ、尤人知自然ノ発達ト、学術競進ノ運歩ヲ障害スル者ニシテ、何レノ国モ政治上ノ威権ヲ用キテ、以テ教門無形ノ信念ヲ制圧セムトスルノ権利ト、機能トヲ有セザルベシ。本条ハ実ニ維新以来取ル所ノ針路ニ従ヒ、各人無形ノ権利ニ向テ闊大ノ進路ヲ予ヘタルナリ。
但シ信仰帰依ハ専ラ内部ノ心識ニ属スト雖《いへども》、其ノ更ニ外部ニ向ヒテ、礼拝儀式布教演説及結社集会ヲ為スニ至テハ、固ヨリ法律又ハ警察上安寧秩序ヲ維持スル為ノ、一般ノ制限ニ遵ハザルコトヲ得ズ。而シテ何等ノ宗教モ神明ニ奉事スル為ニ、法憲ノ外ニ立チ、国家ニ対スル臣民ノ義務ヲ逃ル、ノ権利ヲ有セズ、故ニ内部ニ於ケル信教ノ自由ハ完全ニシテ、一ノ制限ヲ受ケズ。而シテ外部ニ於ケル礼拝布教ノ自由ハ、法律規則ニ対シ、必要ナル制限ヲ受ケザルベカラズ。及臣民一般ノ義務ニ服従セザルベカラズ。此レ憲法ノ裁定スル所ニシテ、政教互相関係スル所ノ界域ナリ。

この時政府の宗教に対する政策は、神仏基何れに対しても成るべく自由敬遠主義をとるの方針に出た。そして政治と教育とから宗教家を除外するの傾向が見られたのである。即ち明治二十三年の国会開設に対する衆議院議員選挙法には、被選挙権を有せざるものとして、一、神官神職、二、僧侶その他諸宗教師というのであった。この僧侶除外の選挙法案に対し、仏教側では大内青巒、赤松連城、香川葆晃等と僧侶被選権問題について協議した。そして政教社から出ていた雑誌『日本人』を舞台として、その不法不合理を論断して、大いに仏教徒の意気を示したのであったが、しかし一般の僧侶は未だ政治的には無自覚であって、僧侶が政治に参与するを以て、俗物の事として軽視するの有様であった。六月築地本願寺別院に各宗管長会議を開いたのは、けだしこれ等の宗教と政治との問題があったからであった。同年五月井上円了は、外国視察より帰朝、『日本政教論』一巻を著し、国会の規則に神官僧侶の被選挙権を制限したのは、その意公認教であると見做したからであると、欧洲各国の例を引証してこれを論じ、僧侶は被選挙権を主張するよりも、先ず仏教を公認教たらしむべしとて東京に或は京都に遊説して各宗の賛成を得、芝青松寺に各宗の代表者集合し、その結果井上円了は大内青巒と共に建白書を作製し、浅草伝法院に事務所を設け、請願書を取り纏めてこれを内務省に提出せんとした。然るにその間際に、仏教と関係の深い枢密院顧問官鳥尾小弥太（得庵）が中に立ち、宗教家から運動せざるも、政府は無論仏教とキリスト教とを同一に見ていないから、請願書の提出を見合せて今少し経過を見るがよいという事で中止した。これが後に再び公認教問題から漸く進んで参政権獲得運動となるに至った、憲法発布後最初の政教問題である。これより前、井上円了は明治二十年哲学書院を創始し、次いで本郷の麟祥院内に哲学館（即ち後の東洋大学）を創立して翌二十一年六月洋行し、二十三年五月帰朝後は駒込の蓬莱町に哲学館の校舎を新築して教育の傍ら『仏教活論』本論たる『顕正活論』等の著述をはじめ、民間迷信打破に『妖怪学講義』を公にし、他に哲学、倫理、宗教関係の書籍を哲学書院から盛んに出版し、僧侶を覚醒すると共に、仏教の学術的価値を宣揚するに与って力があった。二十二年二月には仏教各宗協力して、神智教会長米人オルコット、及び輔佐インド人ダンマパーラを聘し、各地巡回通訳つきの講演をしたが、これにより社会の好奇心に投じ仏教宣伝の一助となった。二十年には本派本願寺布教師多門速明はロシア浦潮〔ウラジオストク〕に最初の開教を試み、二十三年に同地で死去し、後二十七年矢田教証は布教場を同地に建設した。

それから監獄教誨は二十二年七月改正監獄則実施より、両本願寺布教師が主に他数派と分担して常置教誨師を派遣し、同時に免囚保護事業にも当ることとなったのである。そこで教誨師の会同が諸方で開かれたが、二十四年十月三日から四日間第一回九州各県監獄教誨師聯合会が熊本市本派本願寺説教場に開かれた。議長高石大節、副議長篠方典、来会者九州各県教誨師十三名、次に二十五年四月十七日から一週間東部教誨師会議は東京築地本願寺別院で開会、来会者三重県以東青森以西一府十九県監獄教誨師三十六名で、本派本願寺二十三、大谷派五、曹洞四、儒三、高田派一、会長多田賢順、副会長下間鳳城であった。次に二十五年十月二日から一週間、京都西六条本願寺所属宣布院で、兵庫仮留監聯合区内二府十六県各監獄教誨師会同協議会を開いたが、その発起人は千輪性海、小野史一、渡辺龍岳、片桐梨潭、蒔田楚雲、里見法爾、出席教誨師は本願寺本派三十六、大派三、儒二、真言一の四十二名で会長里見法爾、副会長蒔田楚雲であった。二十六年四月二十日から一週間福岡で第三回九州各県教誨師聯合会を開催した。来会者本派十二、大谷派三、議長四下値善、副議長高石大節であった。それから翌二十七年第四回同会が熊本に開かれた。

第二節　破邪顕正仏教青年の運動

井上円了は二十年二月刊行の『仏教活論序論』についで、同年十一月更に『破邪活論』を、又欧米及びインドを巡って帰朝後、ドイツ哲学を以て仏教改革を唱えた北畠道龍は、二十二年『法界独断』を著し、二十三年一月村上専精は『仏教一貫論』、九月井上円了は『顕正活論』を著し、西洋哲学と神儒仏及びキリスト教との比較を学的に論じた。同年鳥尾得庵は仏教外護の一居士として『王法論』及び『無神論』を公にしてキリスト教を痛論し、前田慧雲は『学仏南針』を、吉谷覚寿は『明治諸宗綱要』及び『仏教総論』を公にした。大内青巒は同年尊皇奉仏大同団を組織し、『釈門哲学叢書』を発行し、二十五年八月徳永満之〔清沢満之〕は『宗教哲学骸骨』を京都で刊行し、宗教の原理を簡明に解説して、仏教の哲学的価値を闡明し、すこぶる好評を博した。この間にあって中西牛郎は別個の見地から『組織仏教論』『宗教大勢論』を著し、新時代に適応する仏教の樹立を力説して、青年仏教徒の血を沸かしめた。二十六年藤島了穏は『耶蘇教末路』を、二十七年藤井宣正は『仏教小史』を公にした。二十七年村上専精は鷲尾順敬等と『仏教史林』を続刊して史的研究に資し、その他仏教に関する著書多数発行仏教研究に資した。

かくて仏教は学理上から最も勝れ、キリスト教の劣れることを指摘し、破邪顕正の旗幟を堂々と顕揚したから一般学者青年の間に興味をもって研鑽された。既に二十一年正月近江に仏教青年会が創立せられ、明治二十五年一月六日慶応義塾出身の東京駒込真浄寺住職寺田福寿は、塾長福沢諭吉の指導奨励に奮起し、島地、大内その他仏教界における先輩の賛成を得て、帝国大学、第一高等中学校、東京専門学校（後の早稲田大学）、慶応義塾、法学院、哲学館、済生学舎等、官私諸学校に在学中の仏教青年数十名を会し、その懇親の筵を開き、大日本仏教青年会を設立した。而してその年より釈尊降誕会、夏期講習会開催の計画を立て、京都の第三高等中学、大谷派大学寮、本願寺派大学林、同文学寮及び京都尋常中学校、関西における仏教青年学生と連絡を計り、第一回夏期講習会は須磨現光寺（一に源光寺ともいう）に七月二十日より八月二日に至る東西有志八十有余名来会、第二回は東部は鎌倉円覚寺に七月十三日より、西部は二見正覚寺に十五日より二週日開催するに至った。この第二回講習会より一時隆昌を極め、会員の種類東部は東京専門学校三十三名（教友会員）第一高等中学校二十二名（徳風会員）慶応義塾（三田仏教会員）帝国大学十三名、哲学館九名、法学院三名、国民英学会三名、大谷教校三名、水産伝習所二名、東京美術学校二名、日本中学二名、明治法律学校、専修学校、陸軍幼年学校、医学院、第三高等中学校、二松学舎、浄土宗学林各一名、無所属十四名、総員百二十七名であった。講習題目と講師は政教教育の原理（釈雲照）仏教修学の方法（沢柳政太郎）万物体相論（織田得能）自力と他力（村上専精）般若心経（大内青巒）宝鏡三昧（釈宗演）心王銘（胥貫道）立正安国論解題（加藤文雅）仏光禅師と時宗（福泉東洋）、賛助員石上北天、井上円了、多田賢住、南条文雄、黒田真洞、松本順乗、鵜渓日舜、木造等観、寺田福寿、

畔上楳仙、佐々木祐寛、森田悟由その他であった。西部は第三高等中学十七名、本願寺文学寮十六名、大学寮十名、帝国大学九名、貫練教校七名、小学校教員七名、大学林五名、第一高等中学校三名、地方教校教員二名、名古屋軍人二名、京都尋常中学、東京医学校、哲学館、普通教校、開通学校、予章教校、明道学校各一名、総員百十九名、講習題目講師は、五時界頌（江村秀山）思想の開発環（徳永満之）天台法門大観之図（加藤行海）十住心（姫宮大円）唯識論（小山憲栄）仏教研究の目的（赤松連城）賛成員は稲葉昌丸、太田祐慶、吉谷覚寿、武田篤初、薗田宗恵、柳祐信、前田慧雲、藤井玄珠、藤井宣正、寺尾義了、渥美契縁、朝倉了昌、斎藤聞精、佐々木狂介、雲英晃耀、宮部円成、島地黙雷等であった。

二十七年四月釈尊降誕会に当り、盛んなる大日本仏教青年会発会式を東京神田区錦町の錦輝館に挙行し、事務所を本郷区森川町一番地に置いたのである。七月第三回夏期講習会を東西合同で、三河国三河会堂に開催、宿所は同地方寺院及び町家十三箇所を以てこれに充て、会員種類第一高等学校四十六名、大谷大学寮二十四名、帝国大学、東京専門学校各十四名、文学寮十三名、真宗大学林、三河教校各十名、大谷尋常中学七名、愛知尋常中学六名、哲学館四名、第二、第四高等学校各三名、慶応義塾、天台宗大学林、名古屋尋常中学、二松学舎各二名、第五高等学校、高等商業学校、和仏法律学校、成城学校、法学院、五瀬教校、慈恵医院医学校各一名、無所属五十九名、合計二百二十八名の多数であった。講習題目と講師は真俗二諦（姫宮大円）潙仰要路（江村秀山）参洞契（大内青巒）教行信証（前田慧雲）事理情智（石川了因）宗教と科学（沢柳政太郎）唯識の教体（加藤行海）仏教東漸の概略（村上専精）本尊義の一班《ママ》（脇田尭惇）日月行品の大意（太田廓空）七仏通戒偈（島地黙雷）仏教非厭世教（釈雲照の論文、沢柳政太郎代読）觧行二学（南条文雄）仏海の一滴（神谷大周）賛助員は稲葉昌丸、今川覚神、井上哲次郎、石上北天、井上円了、服部元良、西有穆山、鳥尾小弥太、徳永満之、鶏渓日舜、小栗栖香頂、太田祐慶、小田仏乗、奥田貫照、霄貫道、渡辺国武、河瀬智宏、亀谷省軒、香川葆晃、利井明朗、吉谷覚寿、武田篤初、武田嘿雷、多田賢住、薗田宗恵、楠潜龍、黒田真洞、八淵蟠龍、柳祐信、男爵前島密、松平順乗、藤井宣正、高津柏樹、寺田福寿、朝倉了昌、赤松連城、荒木原理、斎藤聞精、佐竹智応、里見天海、佐藤進、片山国嘉、雲英晃耀、水原慈音、島田蕃根、釈雲照、森田悟由、菅了法等であった。この外に官界並びに軍人中で仏教運動に熱心好意を寄せた人も少くないが、特に伯爵児玉秀雄、海軍中将子爵小笠原長生、同中将佐藤鉄太郎、陸軍中将堀内文次郎等はその最なるものであった。二十八年第四回夏期講習会は、相州三崎の地をトして、七月八日より二週間開催、浄土宗光念寺、浄称寺、大乗寺、本瑞寺、大椿寺、常光寺、真福寺を事務所宿舎に割り当て、各住職の尽力斡旋により、日清戦役当時の青年思想に少なからざる修養たらしめた。会員の種類は東京専門学校二十七名、第一高等学校十七名、無所属前同数、帝国大学文科十五名、法科農科各三名、哲学館十四名、慶応義塾六名、真宗第二中学校三名、第二高等学校、真宗大学林、日本法律学校、札幌農学校、第四高等学校、明治学院、東京法学院、東京物理学校各一名、計百十一名で、真言宗大意（村上専精）碧巌集提唱（大内青巒）仏光国師鎖口訣（釈宗演）南方仏教事情（釈興然）二河白道譬諭（島地黙雷）徳義の実行法に就て（村上専精）等であった。毎年の夏期講習会には、その地方人士の為に、公開演説会をしばしば催し、講師の外に会員中よりも出演するにより、仏教の伝道に多大の影響が副産物としてあったのである。

　この夏期講習会や各学校内の仏教講演会、各学校巡回の演説会、交替主催の釈尊降誕会等仏教青年運動に携わった人々の主なる氏名を挙げると先ず次の如き講習会参加者があった。

伊藤賢道、伊東明、伊香間誓運、伊沢道暉、稲垣長次郎、石川成円、秦敏之、秦豊助、服部暢、北条太洋、本多恵隆、本多文雄、堀千代丸（謙徳と改名）、常盤大定、百目木《どめき》智璉、富井隆信、融道玄、近角常観、大内暢三、太田秀穂、折原己一郎、荻野仲三郎、和田鼎、若宮卯之助、鷲尾順敬、加藤廓然、梶井研丸、鼎義暁、柏原文太郎、春日円城、河野法雲、吉田賢龍、吉田静致、吉田友吉、丹生《たんじょう》実栄、田中善立、多田鼎、龍口了信、龍江義丸（義信と改名）、龍島祐天、玉島健雄、田部隆次、田島担、簗波善行、月見覚了、中野達慧、南浮智成、村上龍英、海野詮教（土屋と改姓）、上杉文秀、能海寛、栗木智堂、桑門典（堅田と改姓）、山内晋（晋卿と改名）、松見多聞、松見得聞、丸井圭次郎、古河勇、藤岡勝二、深堀豊太郎、藤岡観海（織田、佐竹と再改姓）、小林正盛、小林存、小森安太郎、旭野慧憲、葦原雅亮、安藤正純、安藤登、姉崎正治、秋山定一、佐藤勇吉、桜井義肇、喜田貞吉、菊池謙譲、清川円城、七里辰次郎（本多と改姓）、重田友介、下村宏、広田一乗、鈴木貞太郎（大拙）、杉村広太郎（楚人冠）。

この外夏期講習会には出席せざるも、明治時代主なる仏教青年運動関係者に次の人々があった。

　岩本宗国、岩堀智道、岩上行披、伊藤道海、伊藤証信、五十嵐光龍、泉道雄、稲葉円成、井上徳定、今井鉄城、今津洪岳、今村恵猛、石堂恵猛、石川成章、石塚龍学、羽渓了諦、花田凌雲、林竹次郎（古渓）、林嶺信、浜口恵璋、長谷宝秀、長谷川良信、長谷川孝善、長谷川基、坂東性開、西依一六、西島覚了、宝閣善教、本多日生、本多良観、本多文雄、本多恵隆、本多浄巌、遠賀亮中、遠山正導、富田斅純、徳沢智恵蔵、徳沢龍象、千葉康之、忽滑谷《ぬかりや》快天、沼波政憲、大西良慶、大鹿愍成、大槻快尊、大村桂巌、大野法道、大宮孝潤、大森亮順、大森禅戒、大住舜岳（嘯風）、霄《おおぞら》絶学、小笠原実成、小江栄慶、岡部宗城、岡田治衛武、岡田宣法、岡本貫玉、岡本慈航、岡崎密乗、小谷徳水、小野玄妙、奥博愛、荻原雲来、和田幽玄（対白）、渡辺海旭、渡辺良法、渡辺隆勝、渡辺哲信、鷲尾順敬、脇谷撝謙、加藤熊一郎（咄堂）、加藤智学、加藤観澄、加藤玄智、加藤文雄、加藤精神、片山国嘉、神月徹宗、金子大栄、河野純孝、風間随学、梶川乾堂、神林隆浄、神林周道、芳瀧智導、立花俊道、谷本富（梨庵）、高田道見、高辻円乗、高楠順次郎、高松悟峰、高島平三郎、高島大円（米峰と改名）、高木政勝、田中治六、田中弘之（舎身）、岳尾来尚、武田豊四郎、武田慧宏、武内紫明、竹越竹代、楯玄瀛（北畠と改姓）、丹霊源、辻同次郎、土川善澂、塚本賢暁、堤浄祐、妻木直良、柘植信秀（秋畝）、常光得然、中井玄道、中尾教審、中桐確太郎、中根環堂、中野達慧、中野隆元、中野実英、中野実範、中島裁之、長井真琴、長沢徳玄、長沢則彦、成瀬正恭、南条了因、六花真哉、宇井伯寿、内田晃融、内山信孝、上野舜頴、馬田行啓、梅原薫山、梅原賢融、梅原真隆、梅田謙敬、梅山英夫、野田義成、野村礼譲、野々村直太郎、窪川旭丈、来馬琢道、楠原龍誓、山辺習学、山上曹源、山田一英、山中見道、山本貫通、矢吹慶輝、真岡湛海、真渓正遵（涙骨）、間宮英宗、松原致遠、藤井恵照、藤井宣正、藤井瑞枝、藤田順道、祥雲碓悟（古川と改姓）、小林芳次郎、小林乗雲、孤峰智璨、金《こん》義鑑、後藤澄心、後藤環爾、後藤亮一、江部鴨村、出淵輝子、有馬祐政、青木波水、赤沼智善、安達憲忠、赤松智城、荒木良仙、天岫《あまくき》接三、暁烏敏《あけがらすはや》、浅野玄秀、浅野孝之、朝倉慶友、朝倉暁瑞、麻田駒之助、秋庭正道、秋野孝道、足利瑞義（旧名義蔵）、安藤嶺丸、酒生慧眼、境野哲（哲海改名、号黄浄《ママ》〔黄洋〕）、佐伯定胤、佐竹智応、佐竹大雄、祥雲晩成、佐々木慶成、佐々木教純、木辺孝慈、木津無庵、木村龍寛、木村泰賢、木山定生、木山十彰、紀開蔵（大野と改姓）、清瀧智龍、北畠義林、北村教厳（中尾改姓）、岸大悟、岸辺福雄、湯沢龍岳、弓波瑞明、水野梅暁、三輪政一、三輪末彦、光山百川、峰玄光、壬生雄舜、三島海雲、椎尾弁匡、白山謙致、斯波随性、柴田一能、芝田徹心、釈慶淳、島地大等（旧姓姫宮）、清水龍山、新保徳義、干河岸貫一、平幡照法、平野履道、平沢正尊、望月信亨、森川智徳、棲梧宝岳、関清

拙、菅原忠道、菅原時保、菅瀬芳英、鈴木法琛、その他にも数多かった。爾来夏期講習会は次期に継続し、毎年各所に行われ、仏教精神を学徒に鼓吹した。

二十八年四月仏教大会を京都市会議事堂に開き、或は時々仏教会を東京駒込吉祥寺に催し、或は仏教講読会、貴婦人法話会等をも創立せられた。而して毎年釈尊降誕会を学生間に開催したのが、後の花祭の濫觴をなしたる如き、明治末仏教勃興各宗聯合事業は、多くこの仏教青年会員の発案に端緒をなしたものが多かった。

二十七年八月両本願寺軍隊慰問使を韓国に派遣し、九月浄土宗務所に賑恤部を置き征清軍の慰問を図り、十月慰問使を韓国及び遼東に派した。その外各宗もそれぞれ軍隊慰問布教に着眼した。十二月以来征清軍隊の慰問及び従軍布教に率先着手したのは大谷派で、品川の平松理英が本山当局を説き、陸軍省に従軍布教を出願せしめ、百方尽力の結果十一月二十三日、旅順陥落の祝宴を自坊に開きし際、本山より「従軍布教許可された。すぐ来山」との電報に接し、直に入洛して準備を整え、派内より伊藤大忍、千原円空、三角悟其他七人に火葬人夫等を率い十二月宇品を抜錨し、二十八年一月一日大連湾上陸、大山大将に面接、金州城外で敵味方の戦死将兵の為追悼の法要を営み布教するに至った。又本派本願寺では、二十七年十二月三十日大本営の許可を得て木山定生を戦地に派遣し、第一、第二軍の戦闘線内全部を順次巡回し、各営所各病院等を慰問し、兼ねて葬祭等の事に従わしめ、二十八年一月に至り、更に香川黙識、鹿多正現、弓波明哲（瑞明と改名）、伊藤洞月の四名に従事布教を命じ、金州、旅順、威海衛等各地方に巡回布教葬祭等に従わしめたが、一方藤島了穏を広島の大本営下に駐在せしめ、同時材木町浄円寺内に出張所を設けて、従軍布教者の取扱、兵士の教諭、軍隊の送迎、葬祭等の事務を取り扱わしめた。それから下間鳳城、名和淵海、大江俊乗、磐井宗城、武内升量、小野島行薫、豊田巍秀、長尾雲龍等が各方面に従軍布教した。かくて真言宗和田大円、天台宗大照円朗、顕本法華宗河野日台、山内日楼等も従軍したのである。

翻ってこの間における一般教界の状態如何と云えば、明治の仏教が学的方面においては非常なる進歩であったが、一方伽藍の中は未だ旧態依然として、信教自由、破邪顕正の時期にも拘わらず、時勢に順応した宗教活動が地方まで波及せず、第一義としての伝道の本旨を忘却して、宗門紛擾等の弊害があって、識者をして指弾せしむる事が多かった。それが為に世間には仏教そのものをも排斥する者すら出で来たった。

この時に当り、偶々曹洞宗の永平寺対総持寺分離非分離問題の紛糾があったので、これをその一例とも見られたのは遺憾であった。

第三節　曹洞宗両山分離非分離の経緯

前期に制定の宗規により、二十三年四月一日総持寺貫首畔上楳仙管長に就任した。然るに翌二十四年一月瀧谷琢宗は三月を限り永平寺貫首を退き、後董選出を命令したのであるが、末派総代委員等はその退休を全国末派代議員に諮詢せんとし、以上の命令猶予を願い出たのである。これに対し琢宗は自ら両本山盟約を侵し、宗規を紊乱せし違犯を陳述し、各方面からの永住懇請を峻拒した。

かくて曹洞宗先憂会、曹洞宗正義会、曹洞宗扶宗会等は各機関誌を発行し、両貫首問題より、両山分離非分離にまで、紛糾の拡大を見るに至った素をなした。

そこで同年四月一日畔上楳仙管長を継勤し、東京府近県取締並びに末派総代議員、その他宗務諸末派総代委員及び執事、両本山御山《おやま》監院等連袖して琢宗の永平寺永住を懇請したが、琢宗これを允諾しなかった。そこで宗務局は四月三十日限り琢宗永平寺を退き、五月一日以後同寺無住中は総持寺貫首これを兼務すべき旨を普達し、八月石川県天徳院森田悟由永平寺貫首に当選したが、この前曹洞宗革新同盟会は、永平寺貫首投票再審査を内務大臣に出願し、一方比奈地《ひなち》恒山、日置黙仙等は東京地方裁判所に、同貫首投票無効の訴訟を提起し却下された。次いで革新同盟会は永平寺財政上に関し東京区裁判所に出訴し、二十五年二月両本山分離の建言を総持寺貫首に差し出すに至った。三月に至り楳仙管長の権限を以て随意両本山分離独立の達書を発布し、両山盟約の無効を永平寺に通知し、曹洞宗務本支局を廃止し、曹洞宗会議の消滅を告げ、且つ内務大臣に曹洞宗制の取消し両山分離の請願をなしたのである。そこで問題は益々紛糾し、同月末派総代委員五名連署を以て、畔上楳仙の提出した両本山分離独立に関する伺書を、永平寺管首森田悟由に、ついで請願書を内務大臣に提出した。四月二日には東京麻布長谷寺北越《きたこし》具戒、芝源昌寺大住台仙、同青龍寺成田善栄等は、能山独立問題に対し、曹洞宗同志会を組織して非分離を唱道し、内務大臣は十二日総持寺貫首の提出した曹洞宗制取消し、並びに両本山分離の請願を却下した。同月永平寺は特使を以て畔上管長の三月十九日宣言せる宗制取消し、並びに両本山分離の企図は平和を破壊するものたることを論じ、両山和衷共同して宗門を経綸せんことを勧告したるに、楳仙これを排し、両本山分離各別置管長設置を同時に要求した。これより前宗務局閉局したるより、内務省は開局を命じたのに対し、この月開局延期願を提出したが、五月二日開局執務すべしとて願書を却下するに至った。斯く内訌甚しいので五月五日内務大臣は畔上楳仙の管長認可を解除し、西有穆山、森田悟由に曹洞事務取扱を命じた。かくて宗門有志者は、両本山非分離同志会を組織し、五月七日檄文を発して結合の趣旨、及び次の三章を断行することを誓った。

一、両山の協和を持続し、宗門の安寧を保全す。
一、両祖の遺訓を奉行し、宗門の永図を画策す。
一、旧来の陋習を打破し、式微の宗風を宣揚す。

四月穆山病気を以て事務取扱を辞し、森田悟由は三月十九日以後、畔上楳仙の発布した総持寺分離独立に関する達令等は、曹洞宗現行の宗令宗規に違背せるを以て無効とする旨及びその他の要件を末派に通達した。次いで内務大臣は原坦山に曹洞宗事務取扱を命じたので、悟由、坦山等連署を以て、曹洞宗事務取扱、もしくは曹洞宗宗務局の名義を以て発したる令達以外は、毫も信憑すべからざる旨を念達し、次いで現行宗制宗規により、宗務を処弁すべき旨を両事務取扱より、畔上貫首に通牒し、宗務局を開き、同寺執事に対し、更に宗務局宗務を引き継ぎ、宗務局において職務に服すべきことを命じたが、これに応じ難きことを申し出で、却って総持寺監院石川素童は同寺末派諸寺院に対し、分離独立を翼賛することに竭力すべきことを念達し、事務取扱の発した諸達書は当本山の、毫も関知せざるものであることを特達し、革新同盟会は森田悟由に関する緊急訴願を内務大臣に提出した。かくの如き騒擾に鑑み宗務局では十名の特派員を各府県に遣わし、宗門保安の永図を全国末派に伝達せしめ、更に悟由、坦山、両取扱は管長の職務権限を執行し、事務取扱の内容性質及び曹洞宗僧侶の権利義務に関する告諭を全国末派に出した。六月坦山事務取扱を辞し、在田彦龍これに替った。然るに同月総持寺監院石川素童は、同寺末派諸寺院に対し、分離独立実現の趨勢にあるを以て、尚一層の努力を望む旨を特達し、同時に同寺出張所執事より事務取扱に対し、その職務権限及び宗務処弁の方法手続に関する質疑、並びに弁論書と特派員派遣見合せの儀につき要求書等を提出した旨を念達し、末寺はその帰趨する所に迷う状態であった。そこへ七月臨済宗七派管長総代由利滴水、荻野独園の連署で、奨誘状を両本山貫首に送り、両山分離独立の実現を賛成するあり、同月悟由辞し、大辻是三これに替るなどをはじめ、執事の異動もあり、坦山はこの月遂に示寂したなど混乱を極めた。同月永平寺は書を総持寺貫首畔上楳仙に呈し、その企図の不可なる所以を再び勧諭したるに、八月楳仙これを徹底拒絶し、既に非分離派は『教海指針』分離派は『能岳教報』を各機関雑誌として発刊し、十月森田永平寺貫首は、畔上総持寺貫首が宗制に違反して、両本山分離を企てたるは、一宗の安寧を妨害したるものとなし、両本山盟約第九条により、楳仙に同寺貫首を隠退すべき旨を申告するに至った。

二十六年三月十八日内務大臣井上馨、個人の資格で永平寺貫首森田悟由、同執事麻蒔舌渓、木田韜光、弘津説三、大辻是三、総持寺貫首畔上楳仙、石川素童、在田彦龍、安達達淳及び青松寺北野元峰等を官邸に招き、両山和衷協同の道を開くことを勧めたので、両山から全権委員を選出し、芝青松寺において協議会を開いた。この際北野元峰内務省社寺局に出頭し、局員と両山仲裁について協議し、四月と六月に、両本山貫首内務大臣より説諭を受けたが、容易に確執は解けないで、或は事務取扱の更迭、或は地方裁判所へ訴訟を提起し、或は内務大臣に訴願するなどの経緯を重ね、結局十一月八日内務大臣は、曹洞宗事務取扱に対し、宗制宗規違反の輩は厳正処分すべきことを訓令した。よって畔上楳仙も総持寺を隠退すべきことを命じ、森田悟由総持寺貫首を兼務し、十一月両事務取扱は二十五年三月以後、畔上貫首の名で発した宗令、告示、諭示、辞令、免牘《めんどく》等及び同山監院石川素童又は同本山東京出張所監院大徹《だいてつ》円洲の名義を以て発したる達示、指令報告等にして宗制宗規に抵触するものは、都合で無効とする旨を末派に普達し、更に宗制違反により、石川素童を宗内より擯斥に処し、大徹円洲、在田彦龍、安達達淳等二十五名の住職を罷免した。そこで代議士三十有余名は、内務大臣の処置を行政権の濫用にあらずやとて、議会に質問を提出したなどのこともあった。

それから二十七年二月より四月に至る宗務局は、両本山分離事件以来、地方寺院の宗制違反を誡め、畔上楳仙の発した辞令達書等の無効を通達した。十二月十七日畔上楳仙高祖太祖の真前において、曽て両本山分離を宣言し、協和を失したる罪過を懺謝し、森田悟由は両本山分離紛議の責任を感じ、永平寺住職を退かんことを宗務局に通達し、併せて後輩候補を選出した。そこで「曹洞宗非常法規」を制定し、これを宗制に追加し、内務大臣の認可を得、両本山貫首闕住につき、これによって改めて森田悟由を永平寺貫首に、畔上楳仙を総持寺貫首に特選し、以後満一箇年間曹洞宗管長に就任する旨を末派寺院に普達し、二十八年一月爾後両山貫首隔年交番の制度を確定し、さきに宗務局が分離運動に関係せる所分者の赦免をなし、三月二日ここに多年に亙った紛議を解決し、両本山貫首連名を以て、両本山一体不二の協和に復帰し、同心戮力宗門を経綸するの告諭を末派に発し、宗務局を芝区芝公園に更定するに至った。

かかる紛議と並行して前期に一種の運動を開始した救世教の大道長安は、二十三年より帝都においてその新伝道を起し、二十四年六月同教主選挙会を開き、同教会は長安を終身教主となすに決した。二十八年麴町三番町に本部会館を建設し、真宗の他力と禅宗の自力とを折衷した観ある妙力門を唱え、『観音経』を正依として観自在の妙智力により、一切衆生は救済せらるるものであると説き、毎朝観音経を講じ、中流社会及び婦人団の宣教を試み、一時は東京横浜に多数の信者を得たのである。

各宗派教団内部の問題あった際、二十七年五月には木村鷹太郎の『排仏教』出で、三十一年十一月井土円了は『僧弊改良論』を著した。前者は仏教の教義と教団表面の醜悪な現実を批難し、これを排斥したものであり、後者はその弊害を概歎して、改革を叫んだもので、この外にも各宗内部の紊乱を暴露し、非難した雑誌や単行本が数多刊行されたが、いずれも教界の一部面を反映したものであった。

第四節　国粋主義と教育宗教衝突問題

この時に当って仏教の復興を幇助した思わざる問題が学界に勃発した。その一はキリスト教が明治十五年より、欧化主義の順風に乗って長足の進歩をなしたのであるが、ややもするとそれが為に、日本の愛国思想を危くするとて、反動の声が識者の間に叫ばれるに至ったのである。例えば三宅雄次郎、志賀重昂、杉浦重剛、棚橋一郎、井上円了、島地黙雷等相謀り政教社を設立して、国粋を鼓吹し、新聞『日本』雑誌『日本人』をその機関として、神儒仏三教の精神に、欧米の純正哲学を加え、盛んにキリスト教主義に反対したのである。仏教徒はこれに呼応して欧米の科学者、哲学者の説を好材料とし、学問上から論難し、その教義の根本を駁撃するに努めた。而してこれ等の学説或は論説を掲載する為に、大内青巒は『教学論集』を、島地黙雷の下に干河岸一、石村貞一、山本貫通等は『令知会雑誌』を発行し、大谷派の平松理英、寺田福寿、中山理賢等の主宰した布教雑誌『法話』が月刊として久しく継続し、十九年頃行誠上人中心とせる能潤会の機関《ママ》『能潤新報』は西条公道、梶宝順の経営により発行、後二十二年『仏教』と改題し、古河老川主筆となり、梶宝順その経営に当ることとなった。本誌は常に自由なる教界の批評をなしたので、当時仏教徒の進歩せる雑誌として重んぜられた。又東久世通禧《ひがしくぜみちとみ》伯を会長とし、高木政勝の主宰した『是真宗』は真宗の通俗雑誌として行われた。曹洞宗高田道見の『通俗仏教新聞』、丹《たん》霊源の『国母』は仏教特に禅宗の伝道に少なからず貢献した。この外明治七年から刊行された『明教新誌』の隔日発行せるあり、曹洞宗を背景とし最初から大内青巒が主筆で宏仏海が経営の任に当った。この外干河岸貫一（号桜所）の主筆であった本派本願寺中心の奇数日発行『奇日新報』や、各宗所属の月刊『浄土新報』『密厳教報』『日宗新報』『護教』『仏教公論』『教友雑誌』『伝燈』『法雨』『能仁』『三宝叢誌』『四明余霞』外に『思想』『活天地』『真仏教軍』『花の園生』等当時行われたものは尠《すくな》くなかった。

この頃恰も明治二十三年十月、教育勅語渙発せられ、従来不統一であった教育の方針に、一大規準を得たのであるが、キリスト教徒の中にこれを軽視するものがあった。それから明治二十四年一月第一高等学校におけるキリスト教の熱心なる信者内村鑑三が、御真影に礼拝をしなかった事件、二十五年熊本英学校に起ったキリスト教信者教員奥村禎次郎の国家を軽視した演説事件がそれであった。これ等の事件を導火線として、遂にキリスト教は国体に悖るとの議論が喧ましくなり、各所に排撃せられた事件もあった。かくして既に教育勅語渙発前文学博士加藤弘之は『国家学会雑誌』で「国家と宗教との関係」を論じ、二十五年十月、帝国大学教授たる文学博士井上哲次郎が、雑誌『教育時論』紙上においてその主義信仰を攻撃したるに対し、彼の徒よりその駁論があったので、博士は二十六年四月『教育と宗教との衝突』と題する単行本を敬業社から公にし、多数の実例を挙げて不敬事件を例示し、キリスト教は勅語及び国体に違背することを詳論した。そしてその論は前記外二十余種の仏教雑誌に転載され、一時宗教界の大問題となった。二十六年井上円了は『教育宗教関係論』村上専精は『仏教忠孝論』により仏教の忠孝論の原理を説き、二十七年黒田真洞は、『大乗仏教大意』太田教尊は『勅語と仏教』により仏教の尊重すべき本義を論証した。それからキリスト教徒が仏教を偶像教とするの誤りを難し、却って二十六年藤島了穏は『耶蘇教末路』を公刊し、キリスト教を非難したなど、キリスト教の伝道はこれが為に一頓挫を来たした。爾来キリスト教は漸くその方針を日本化し、一方には宗教哲学上の解釈をも改める様になったので、一部のキリスト教徒は新神学を唱導し、ユニテリアン或は宇宙神教に走り、仏教の汎神的教義を是認するものすらあって、互に接近するに至った。

第五節　世界宗教大会参列と軍隊布教

教育と宗教との衝突により、一大打撃を蒙ったものはキリスト教であったが、同時に仏教も教育宗教の劃然たる区別により、全く普通教育から除外せられた観があった。その刺戟により自己の立脚地を自省すると共に、組織や教義の上に改革を加うることとなり、明治三十年頃までの教界における各宗青年仏教徒は緊張したが、然し宗派内には種々内訌が多かった。

明治二十六年米国シカゴに万国宗教大会開かるるや、神道仏教キリスト教は各《おのおの》その代表者を大会に参列せしめた。仏教側の代表としては釈宗演、土宜法龍、蘆津実全、八淵蟠龍、野口善四郎及び当時米国に在りし平井金三の六人であり、神道よりは柴田礼一、キリスト教よりは小崎弘道及び当時シカゴ大学生たりし岸本能武太が参列した。この外インドよりはエッチ・スマンガラ僧正やダンマパーラも仏教徒を代表して出席した。この時日本仏教徒より宗教大会へ『一切経』を寄贈し、また清沢満之著『宗教哲学骸骨』黒田真洞著『大乗仏教大意』加藤正廊著『真宗問答』赤松連城著『真宗略説』前田慧雲著『真宗綱要』松山松太郎『四十二章経』新居日薩著『日蓮宗大意』の各英訳書数万部を配布した。これ等は皆片々たる小冊子であったが、日本仏教の紹介として異常な反響があり、特に『大乗仏教大意』の如きは、欧米学者の間に重視され、ドイツ語にも訳された程である。後に米国のポール・ケーラスが釈宗演を招聘したのも、この機会に相知った関係からである。そしてアーノルドの『亜細亜の光《ライト・オブ・アジア》』やケーラスの『仏陀の福音《ゴスペル・オブ・ブッダ》』等も、当時の日本仏教青年が海外に仏陀の讃嘆者を得たものとして熱心に愛読したものである。

一方明治十八年頃より、本派本願寺が普通教校を設立して、里見了念を幹事とし、有為の青年仏教徒を養成した。普通教校は後その制度を改め文学寮となったが、この学校は仏教界に新運動を採用した最初のもので、仏教界の新運動はこの学校から生れたものが多かった。『開明新報』という仏教主義の日刊新聞及び英文雑誌『亜細亜の宝珠《ビジョウ・オブ・アジア》』を発行したのも海外宣教会という仏教徒の世界運動も、反省会という禁酒運動も、皆この学校の生徒によって創始せられたのである。仏教学校で兵式体操を採用し、英語演説を奨励したのも、勿論この学校が最初であった。反省会は明治十九年、高楠順次郎、桜井義肇、常光得然等の創立にかかり、一時会員二万を有し、その機関雑誌『反省雑誌』は禁酒宣伝と共に新知識供給の機関でもあった。後年東京に移って桜井義肇主筆となり、『英文反省雑誌』をも併刊したが、麻田駒之助その経営に当り、後に『中央公論』と改題し雑誌界に雄飛した。

かくして各宗派が互に相批判し研鑽した結果は、精神的にも、物質的にも、人類救済に努力するの傾向となり、宗門の教育に関しても、漸次改革進歩が行われた。

二十三年浄土宗大阪支校を生玉大宝寺に、尼衆教場を母恩寺に設け、二十七年支校を天王寺桃山に移した。二十四年正月宗学本校を小石川に移し、九月浄土宗鎮西支校を筑前箱崎に移し、二十八年九月専門学院を京都鹿ヶ谷に、伝道講習院を東京芝に設けた。二十五年八月浄土宗愛知支校を名古屋建中寺に、九月浄土宗東北支校を盛岡光台寺に移した。西本願寺では二十二年三月大学林規則を発布し、二十四年七月文学寮を大学林より別立し、松原通大宮西へ入る土地に校舎を新設し新教育を施したのである。又東本願寺では能登教校を金沢共立尋常中学に合併し、二十五年六月金沢共立尋常中学校を大谷尋常中学校と改称し、翌年京都に合併し名称を存し、二十五年八月真宗大学寮に研究科を設けた。

明治二十三年頃より少壮教家の活動は実に眼覚ましく、二十四年八月龍華空音は東本顧寺改革を唱え、九月インド仏跡興復会の設立を見、明治二十七八年日清戦役には両本願寺をはじめ、各派従軍布教、傷病兵遺族保護、それから高野山、比叡山、東寺、成田の不動、浅草観音などは護摩、祈禱、守札により戦勝を祈念する等に至るまで熱誠を尽したものである。

その結果第二節に叙したように東西本願寺をはじめ、他宗派も加わって各師団に軍隊布教師を派遣し、慰問や葬儀や傷病兵掩護の任に当らしめたので、将兵に仏教の感化を与えたが布教師の人選には各宗その適任者少なきに苦心した程であった。

この時期において二十一年には高野山の火災、増上寺福田行誡、本門寺新居日薩の示寂、二十五年には善光寺大本願堂宇の火災、原坦山の円寂、二十六年には築地本願寺並びに粟田口青蓮院の焼失、二十八年には相国寺荻野独園の入寂等の不幸があったけれども、大谷派本願寺では二十八年四月阿弥陀堂、大師堂の工を竣り、明治における殿堂建築第一の壮観を呈し、地方でも復興後、寺院の再建又は新設するものが非常に多くなった。二十九年五月藤井宣正は『仏教小史』二巻、若原敬経『仏教いろは字典』を著わし、仏教の概要を知るに便じた。

第六節　各宗派懇談会及び管長異動

既に第三節において詳叙した曹洞宗永平寺、総持寺両山分離非分離問題も解決し、各宗派間の紛議も一旦漸く収息するに至った。かかる秋に仏教各宗協会が明治二十三年以来継続編纂し来たった『仏教各宗綱要』十二巻が、二十九年八月に完成した。これは従来各宗互に相容れなかった宗派的偏見から脱して、仏教の統一を各宗の間に見出そうとする精神の閃きと見ることができたのである。然るにその編纂委員が日蓮宗の四箇格言を以て、他宗を誹譏し協会の成立平和に妨害ありというのでこれを削除したに対し、妙満寺派（後の顕本法華宗）本多日生急先鋒として日蓮宗一部が憤慨したことがあったので、それ以来一時日蓮宗と各宗との間に融和を欠いた事があった。

かかる問題あった同年六月、維新の功により真宗本願寺派管長大谷光尊、大谷派管長大谷光瑩に伯爵、高田派管長常盤井尭凞及び興正寺、仏光寺、木辺各派管長には男爵を授けられたので、天恩の優渥なるに真宗本山門末は共に感激したのである。

さて同年末真宗大谷派の徳永満之（後の清沢）及び宗内有為の青年等は、本願寺の財政甚だしく紊乱し、教学又日に荒廃に赴くのを概し、二十八年七月南条文雄、村上専精、徳永満之、菊地秀言、稲葉昌丸連名で建白書を法主大谷光瑩に提出し、事務の改革、財政の整理、教学振興の実を挙ぐるの献策をもたらして本山当局に迫ったが、依然旧態を改めないので、翌年六月第二回の建白書を提出し、そしてこれに大学寮の学僧、及び尾参の門徒も加わり、改革同盟会を組織して運動を開始したから、本山では寺務総長たる渥美契縁をはじめ、執事等は遂に更迭の止むなきに至り、宗会の制度を改めてわずかに紛議を弥縫したが、更迭後の執事は石川舜台を寺務総長として、依然その言質を実行せず、大学寮の意見はほとんど無視せられ、宗会の権義は甚だしく圧迫せられた。で、爾来久しく本山対学寮派の紛擾となり、三十年二月村上専精、清沢満之は本山の忌諱に触れ、遂に僧籍を剥奪せられるに至った。真言宗では二十九年十月新古両義の分離を唱うるもの、翌三十年には高野山の独立を策するもの出で、ついで醍醐、智山、仁和寺等も各《おのおの》独立を首唱して利権争奪を事としたから、世人は教界の為に顰蹙せざるを得なかった。この外各宗内でもとかく財政問題から、内訌を惹起せる傾向多かったので、遂に政府をして宗教法制定の必要を認むる一動機となった。

かくの如く諸宗派に内訌あったにも拘らず、日清戦役後、神仏基各宗有為の人材は、過去の偏見確執から超越し、救済、慈善、感化等の社会問題には、相提携して人道と平和の為に挙国一致の行動に出づべきことを自覚し、各宗派相協和せんとする傾向が益々濃厚となり、学問としても各宗の比較研究並びに歴史的研究は、一宗一派の教義を以て絶対真理とし、他をことごとく排斥せんとするの非を会得するに至った。その結果は明治二十九年九月に至って、遂に宗教家懇談会なる事実となって現れた。この会の設立は日本宗教家の近接と、自覚とを記念すべき一事であった。それにも拘らず教団の宗派的情実に牽掣せられ、或は相和合せざる不純のもの生じ、遂にその成長発展を見るに至らなかった。

二十三年以降二十八年に至る別記曹洞宗以外、管長その他主なる人事異動、及び資格規定等は次の如きものであった。

二十三年三月千早定朝法相宗管長に、四月三浦実玄天台座主に、大井日住不受不施講門派、六月釈日成日蓮宗八品派、九月清本日教日蓮宗本成寺、本隆寺両派、二十四年四月大石日応不受不施講門派、六月河野伽山臨済宗大徳寺派管長に任じた。七月本願寺光尊、光勝に御紋付五条袈裟を下賜せられた。この月小林日董日蓮宗、二十五年四月釈宗演円覚寺派、五月清水範空浄土宗西山派、六月武田黙雷宗淵建仁寺派管長に、七月楠玉諦真言宗長者に、九月佐藤日舜日蓮宗本成寺、本隆寺両派、金鎖広貫天台宗真盛派、琢宗恵林臨済宗永源寺派、十一月龍淵元碩臨済宗天龍寺派、二十六年四月妙高日海不受不施講派、五月太田廓空浄土宗西山派、二十七年五月錦織日航日蓮宗妙満寺派、山本観純浄土宗西山派、九月安達日常日蓮宗本成寺、本隆寺両派、十二月蓮胤日幸日蓮宗八品派管長に任じた。二十八年には四月木辺孝慈真宗木辺派、五月石室孝暢、中山玄航天台宗管長事務取扱となり、桓武天皇遷都記念法会を延暦寺中堂に厳修した。五月内務省訓令で神仏各教宗派教師検定条規標準を定め、教師は教義宗旨に精通する外、尋常中学科相当以上の学識を具備せしむるものとした。六月真言宗所轄であった真言律宗は、独立して佐伯泓澄管長に任じ、八月富士日霊不受不施講門派、東岳承峻相国寺派管長に任じ、各宗派管長異動は益々甚だしきを見るに至った。

第四章　研究旺盛各宗融和の時期（明治二十九年より同三十八年に至る約十年間）

聖徳太子が神儒仏三教を調和して取り扱われた融和統一的精神は、明治宗教界においても、その思想の流れを汲むに至ったのである。先ず僧侶の協調により各宗協会生れ、前期に叙せる如く二十九年には『仏教各宗綱要』の共同編纂を見、三十年四月河瀬秀治は同志と共に上宮教会を設立して青年の仏教感化と社会事業との奨励に尽した。三十二年には教誨師問題を提げて各宗一致政府に肉迫し、宗教法案提出に賛否両説もあったが、教界の学術、教育、布教、各方面の研究が非常に旺盛となり、三十三年には各宗聯合仏骨奉迎の盛儀があり、社会事業の実行を標榜して仏教徒同盟会、大菩提会、慈善財団等が企画された。この時期以前より行われた釈尊降誕会、宗祖降誕会等もこの期に至って極めて隆昌となり、本派本願寺の中央アジア探険も行われ、海外布教もこの時期において著しく拡張された。

明治三十七年露国に対し、宣戦の詔勅渙発せらるるや、直ちに有力なる教団は従軍布教使を特派し、五月には大日本宗教大会を挙行し、三十八九年頃迄の教界は神仏基各信仰を異にするも、互に信教の自由を認めて正義人道の精神より、東洋平和共存共栄を理想とせる我が日本国家の為、はた人類の福祉及び文化発展を期して一致団結すべしとなし、互に胸襟を披いて握手し、融和以て教化に尽すこととなったのである。

第一節　教誨師問題と宗教法案否決

明治三十一年四月北陸無双の霊地といわれた石川県櫛比村にあった総持寺の殿堂が一朝にして烏有に帰したのは、同宗の一大打撃であったが、これが逆縁となり、後節に叙せる通り帝都の近郊鶴見に移転することとなった。五月には融通大念仏寺と書写山円教寺も炎上した。そこで六月寺院仏堂失火者を、宗制寺法に依り相当懲戒せしむべしとの布達が、政府当局から発せられた。

さて監獄教誨の難事業は既に叙した通り、最初は篤志教家の自発から、遂に官制上重要なる地位に進んだが、待遇は判任官の低級で、自然官吏としての権威がないから、二十六年教誨師の判任待遇を罷め、品等を設けないで、その地位を高むる必要となった。そして教誨師の多数は真宗本大両派所属布教師がその任に当ったのである。然るに三十一年教誨師問題から政教問題にまで全仏教徒を激昂せしめた事件が勃発した。それは八月有馬四郎助が巣鴨監獄の典獄となって、教誨師任免の不当からであった。元来有馬は自己がキリスト教信者であったので、赴任するや間もなく牧師留岡幸助を九月四日教誨師に任命し、これと同時に多年奉仕的に従事して来た大谷派の教誨師四名の中三名に辞職を強要し、一名だけキリスト教と併立せしめんとした。残留の一名がこれを肯ぜぬのは勿論のこと、教誨師は挙《こぞ》ってその不当を鳴らした。そこで大谷派の参務石川舜台先鋒となり、たちまち一派を挙げて反対の喊声を挙げ、延いて仏教徒全体の問題とまで激化した。これが為、監獄費を負担する東京府会の反対決議となり、遂に三十二年三月一日、神鞭知常、早川龍介、山田吉兵衛の三名から「監獄教誨師に関する建議案」が第十三回帝国議会に提出された。その全文は次の如くであった。

監獄教誨ノ目的タルヤ遷善改過ニアリ、而シテ教誨ニ宗教ヲ用ヒザレバ則チ格別ナリ、苟クモ宗教ヲ用キンカ多数囚徒ノ所信ニ係ルモノヲ用キザルベカラズ。蓋シ是レ従来仏教者又ハ神道者ヲ任用シテ、教誨師ニ充テタル所以ナルベシ。然ルニ明治三十一年九月五日、巣鴨監獄ハ仏教教誨師四名ヲ強迫シテ辞職セシメ、キリスト教牧師一名ヲシテ之ニ代ラシメタリ。其処置ノ偏頗ナリシハ之ヲ事実ニ徴シテ明ナリ。抑ゝ監獄教誨ハ規則ニ依リテ、必ズ黙坐謹聴セザルベカラザルモノニシテ、而モ当時巣鴨監獄ニ於ケル囚徒千九百余人中、キリスト教ヲ奉ズルモノ僅ニ三十人、他ハ悉ク仏教若《もし》クハ少数ノ神教徒タリ。夫此ノ如キ選択ノ権ナキ最大多数ノ囚徒ニ対シ、其所信ニ反スル宗教教誨ヲ強迫スルハ、残忍ノ行為ト認メザルベカラズ。況ヤ我政府ニ於テ、未ダ宗トシテ監督セザル基督教ノ牧師ヲ任用シテ、政府監督ノ下ニ教誨師タラシメタルニ於テオヤ。実ニ不当ノ処置ト謂ハザルベカラズ。

且此ノ事ハ当時ノ内務省当局者モ自ラ其非ヲ認メ、又該監獄ノ経費ヲ支出スル東京府会ニ於テモ、仏教教誨師復旧ノ冀望ヲ決議シタリ。此等ニモ拘ハラズ猶其任用ヲ継続スルハ怠慢モ亦甚シカラズヤ、今ヤ人心恟々トシテ物議騒然タリ。殊ニ事宗教ニ関スルヲ以テ、曠日久シキニ瀰ラバ、或ハ不測ノ変ヲ来タスモ未ダ知ルベカラズ、殊ニ本院ハ政府ガ速ニ相当ノ処分ヲ為サムコトヲ切望ス。

この建議案は結局投票によって採決され、賛成百二、反対九十一で成立した。有馬典獄はこれに先立ち三十一年十一月転任し、留岡幸助は三十二年五月依願免職となり、大谷派より派遣の松見善月、興地観円がその後を襲うこととなって結末を告げた。その後三十三年十月監獄費が国庫支弁となったので、従前嘱託であった者も多く教誨師を命ぜられ、且つ俸給を増加されたが、なお本山支給を廃し得る程度に達しなかった。が、三十六年四月以後教誨師に対する政府の待遇給与大いに改善せられ、奏任待遇もしくは判任待遇となった。それから三十二年三月神官僧侶その他諸宗教師は、府県会議員たるを得ずという法令が発布されたのは、衆議院議員選挙法に準じたので、これまた僧侶に公民たる資格を認めざる非立憲的のものであった。

さて三十二年七月内地雑居実施後、直ちに宗教法案が提出されるとの噂あったのと、三十一年民法の実施に伴い、これと形影相関の宗教法がなければならぬとて、仏教各宗協会は同年六月三日から京都建仁寺に定期大会を開き、寺院制度草案を編製してこれを内務省に提出することとし、和田円什、薗光轍、黒田真洞、土宜法龍、弘津説三、佐竹周成、守本文静、香川葆晃を調査委員兼起草委員とし、また特別会議を開いて各宗派より委員十九名を選出し、七月一日から三十日間、東京で起草会議を開くことを議定した。そこで七月一日東京浅草本願寺別院に仏教各宗委員会を開いた。これに出席したのは融通念仏宗松山光山、真言律宗坂上津梁、天台宗波母山円淵、天台宗真盛派古仙性真、時宗薗田冷暁、臨済宗妙心寺派前田誠節、真宗高田派松山忍明、浄土宗西山派瀧善教、真言宗土宜法龍、曹洞宗石川素童、同弘津説三、日蓮宗加藤是本、真宗大谷派中山理賢、浄土宗越智専明、真宗出雲寺派藤光雲、同興正寺派橋正秀、臨済宗大蔵有隣、真言宗中小路聖深、真宗本願寺派藤島了穏の十九名であった。この中主務省その他の交渉委員として前田誠節、土宜法龍、中山理賢、弘津説三、藤島了穏の五名を選挙し、専らその任に当らしめ又法学博士梅謙次郎、法学士江木衷の両氏を法典調査起草顧問とし、六日から法案編製に着手した。ところが右法案につき積極消極の二方針に分れ異論百出したが、結局積極方針を採ることに決定し、寺院法を寺制法と修正し起草委員として、中山理賢、弘津説三、土宜法龍、加藤是本、前田誠節、松山忍明、藤島了穏の七名を選定した。そして法案は八日に始まり、十八日を以て脱稿したが、十九日東京浄土宗務所で各委員十九名出席の上、本会議を開き、内務省との交渉を遂げて各委員帰国した。その後東京における各委員会の決議として、八月五日から京都相国寺で各宗会議を開き、集った委員四十九名、草案は四十余条に分れ、管長の権限、本山、末寺の関係、寺院宗徒の関係、寺院財産管理の方法等を規定し、仏教各宗は更に委員を派し、主務省に交渉する運びとなった。然るにその立案内容は仏教を公認教とするにあったから、政府はこれを大いに考究すべきものとした。それから内地雑居実施に対し、七月六日各宗管長総代大谷光尊、森田悟由の両管長は、日野義淵、弘津説三の両委員を随えて内務省に出頭し、時の内務大臣西郷従道に面会をもとめると、大臣は小松原内務次官、斯波社寺局長と共に面会し、管長総代は次の申請書を提出した。

近日条約改正実施相成候に付、仏教及び其他の宗教に対する御方針は、既に御治定相成候儀と奉存候、就ては此際衲等門末、及檀信徒取締上、心得置度候条、委曲御明示相成度、此段特に申請候也。

明治三十二年七月六日

仏教各宗派管長総代（天台座主中山玄航、真言宗長者三神快運、臨済宗妙心寺派管長小林宗補、曹洞宗管長森田悟由、真宗本願寺派管長大谷光尊、真宗大谷派管長大谷光瑩、日蓮宗管長岩村日轟）

内務大臣　侯爵　西郷従道殿

右に対して同大臣の答弁は、宗教法に関して、目下調査中であるが、内地雑居の準備多端で、力を専らにすることが出来ない。それがため大体の方針も、未だこれを内示するの運びに至って居ないから、この際仏教各宗において、何等かの意見があらば、当局に対し遠慮なく披陳すべしとのことであった。それからこの月二十七日内務省令第四十一号で神仏道以外の宗教宣布、並びに堂宇に関する規定を公布し、キリスト教の伝道にすこぶる便宜となった。そこで各宗派は寺制法案を修正し、仏教法案を提出した。時偶々既述の教誨師問題により、政府が仏教界をして大いに政府反抗熱を醸成せしめた際であったから、その反動的影響は一部の教団をして、遂に已前の要求たりし仏教公認教を、再び絶叫せしめるに至ったもので、宗教法案に対する態度もまた実にここに重点を置いたのである。

かかる折政府は三十二年十二月宗教法案を各宗委員に瞥見せしめ、八日を以て突如第十四議会に提出した。この時の内閣大臣は首相侯爵山県有朋、蔵相伯爵松方正義、内相侯爵西郷従道、法相清浦奎吾で、直接関係の政府委員は内閣法政局長官平田東助、内務省社寺局長斯波淳六郎であった。そこで各宗委員は政府の処置に益々悪感情を懐き、仏教公認教論者は絶対的反対を主張した。政府提出の宗教法案は、その内容第一章総則、第二章教会及び寺、第三章教会及び宗派、第四章教師、第五条罰則、総て四十六条に、附則を加えて五十三条より成り、十二月十四日貴族院議事日程に上り、二三質疑応答の後、議長指名の委員十五名に附託された。この法案を見ると、さきに各宗より内務省に提出した仏教法案中の主眼とする所は、全然除去せられた観あるのに先ず一驚を喫し、各宗派は意見の統一を計ろうとした。そこで各派委員の外、本願寺派上京委員赤松連城、大谷派参務石川舜台も加って頻りに協議し、十二月十二日、更に三十六派の委員は芝切通青龍寺に総委員会を開き、修正の条項を定めて、政府と交渉することに決し、前田委員からは一、宗教法案に対しては同意し難き事、二、右の旨趣は文書又は説話を以て発表する事、三、修正全体の通過を計る事、四、修正案にして容れられざれば法案に反対する事、五、右に付委員は区所を定め政府委員及び貴族院委員を訪問する事、六、委員の前約に基き五ヶ条の事件中（イ）宗派統治を保持する事（ロ）本末関係を明らかにする事（ハ）仏教と外教との取扱を弁ずるに就て、最もその旨趣を拡張する事という六ヶ条からなれる決議案と「今回政府より提出したる宗教法案は、仏教各宗派の制度上不満なるを以て同意せざるも、各宗派成立の制度を明らかにする時は同意する方針にて、目下夫々交渉中なる由」という新聞原稿とを提出した。本派本願寺委員は明如宗主の意旨により、右決議案は妥当でない点があることを主張し、極力これに不同意を唱えたが容れられず、終に提出案の通り議決されたので、直に退席して委員を辞し、修正通過に賛意を表することとなった。が、十二月十九日本派赤松委員は幸倶楽部の招きに応じて出席し、対宗教法案意見を述べた。この日前田誠節、弘津説三、土宜法龍、和田円什、薗光轍等の各宗委員も出席し、弘津、土宜両委員は何れも多少の修正を加え法案通過を望む意味の演説をしたので、ここに各宗共同一致の歩調を執ろうとする曙光も見え、再び本派本願寺とも提携する傾向を示した。かくして政府と交渉修正の上本案の通過を計ることとなり、七宗提携従前の通り協力することとなった。そこで各委員は政府委員である内閣法制局長官平田東助、社寺局長斯波淳六郎に会見交渉の結果、新宗教を制限すること、宗教を公法人となすことの二条件は断じて応ずる事は出来ないが、その他はなるべく各宗派委員の希望を容れ、修正に同意すべしとの回答を得た。然るに三十三年一月二十一日大谷派の主動せる仏教徒国民同盟会は、飽くまで公認教の主義貫徹に運動し、日蓮宗の一部及び京都の仏教公認教期成同会盟と結合し、東京では江東中村楼、伊生村楼、二州楼の三箇所で全国仏教徒大会を開き、今回政府提出の宗教法案は諸宗教派を同一に取り扱い、宗派を公法人とせず、本末制度を明記せざるが故に全国仏教徒は全然反対することを議決すと法案反対を発表した。そして翌二十二日には大日本仏教徒同盟会の名の下に、神田錦輝館に大演説会を開き反対の気勢を揚げた。一方には信教自由の憲法を奉戴し、今後諸宗教全体に通じて、一視同仁、公平無私なる政府案修正宗教法制定の完成を見、真の宗教的価値を実力によって普及しようとの見地から、本派本願寺及び興正派、木辺派、真言宗、浄土宗西山派、法相宗の如きは、時勢に鑑み穏健なる行動に出でようとした。かくの如く仏教側では賛否両意見あったにもかかわらず結局貴衆両院へ仏教各宗臨時大会の名によって反対の陳情書を提出し、猛烈なる運動を試みた外に、神道側では教会を法人とする条項に反対意見出で、急に議員男爵千家尊福の同志一党反対するに至ったので、同法案は二月十七日貴族院本会議の日程に上り、記名投票の結果、出席者二百二十一名に対する賛成者百、反対者百二十一この間二十一票の差で、遂に否決せられた。それ以来政府は宗教法案の提出をしばしば試みようとして敢行し得なかった。それというのは反対運動の覆轍を恐れるのと、憲法上信教自由であるにもかかわらず、従来我が国の僧侶教師に対して、参政権を与えていないから、立憲法治国として法律的制定の根本条件を欠くという法の不備があったからにもよるのである。

第二節　宗教政策と教学財政

明治十一年一月教部省が廃せられ、別に内務省に社寺局を置き、神仏二教を管することとなったが、三十三年四月には内務省社寺局を廃して神社、宗教の二局を分立したのは行政上至当のことであった。

この年シャムから日本仏教徒に分譲せられた釈尊の御遺形、即ち仏骨を奉迎した。当時三十二宗派管長の委任状を携帯し奉迎使となったのは、大谷派大谷光演、本願寺派藤島了穏、臨済宗前田誠節、曹洞宗日置黙仙の四人で、これに南条文雄以下十数名加わり、五月二十二日出発、六月十五日を以て拝受し、十九日帰途に就き、七月十一日海路無事帰朝、盛大なる奉迎式を大阪、京都に挙行した。それからは日本大菩提会を設立して覚王殿の建築を宣し、その竣功まで仮にこれを京都妙法院内に奉安したが、後覚王殿を中心として、名古屋に覚王山日暹寺〔暹羅＝シャム〕を建設し、そこにこれを安置した。そして社会事業の実行に着手することを標榜したのは、この大菩提会と仏教徒同盟会と、及び本派本願寺の慈善財団とであった。

各宗の教育施設は益々改善せられ、二十九年九月東本願寺では真宗大学寮を真宗大学と改称し、安居研究の制規によれるものを高倉学寮と称し別置した。三十一年三月京都真言宗高等中学林予備校開設、七月大谷派教導講習会を教導講習院と改称し、翌三十二年二月東京に設けた。又三十三年四月姫路に大谷女学校を設立した。同年十月音羽護国寺内に豊山派学林を開設した。三十三年一月には西本願寺大学林、文学寮並びに各地方共立学校を廃し、仏教大学、仏教高等中学、各教区に仏教中学を置く学制とした。かかる折三十三年後半支那にいわゆる北清事変あったが、本願寺は広嶋市に臨時出張所を設け加藤正廓を係長として軍隊布教並びに慰問事務に当らしめ、別に連枝積徳院尊由を忠死者の追悼会に臨ましめ、慰問使として川上貞信、長尾雲龍を清国に派遣した。大谷派では本山より大河内秀雄を従軍布教に当らしめた。三十五年五月に仏教高等中学を東京に移して高輪仏教大学とし、仏教中学を第一仏教中学と改称した。後三十七年三月高輪仏教大学を廃し、仏教大学として京都に移すこととなり、同月天台宗大学、四月小林日董を林長として日蓮宗大学林、五月真宗大学、七月曹洞宗大学林、三十八年正月京都真言宗聯合高等中学、何れも専門学校令による認可を得た。同月曹洞宗大学林を曹洞宗大学と改称し、三月浄土宗大学を宗教大学と、又日蓮宗大学林を日蓮宗大学と改称した。

この前曹洞宗では二十九年二月僧堂を各地に開設し、曹洞宗高等中学林を東京に設け、三十五年高等学林と改称した。それから二十九年十二月全国に中学林三十箇所を設置し認可を受けた。

日清戦後国民の愛国的精神が高まった時期に、三国干渉の結果は一層深刻に国家的感情を激発して、海外布教の著しい発展を助成し、海外の仏教研究も移入した。

二十七年英国オックスフォード大学を卒業して帰朝した高楠順次郎は、多年マクス〔・〕ミュラー教授に就いて学んだ梵語《サンスクリット》により、仏典研究に一新生面を開拓した。そしてその先覚文学博士南条文雄等と、インド原始仏教の古典に溯り、小大二乗の仏教発達を組織的に考証し、これを帝国大学で教授したばかりでなく、更に進んで西洋の哲学宗教及び科学との比較をなすに至った。かくして東洋哲学中インド六派哲学、並びに仏教の原理等は、決して西洋近世哲学に劣らない。が、唯組織において彼に及ばざることを、進歩せる学者宗教家をして認識せしめた。それから欧米の学界でも仏教を重視し、ドイツの哲学者ショペンハウエルの如き、『光は東方より来る』と絶叫せしめた。又英国でマクス〔・〕ミュラーの『東方聖書《セークレット・ブックス・オブ・イースト》』をはじめ、スミスやウィリアムス等により、インド宗教経典の紹介が旺《さかん》なのにつれ、仏教哲学を味わうもの少くなく、英国の詩人エドウィン・アーノルドは、仏陀を鑽仰して『亜細亜の光《ライト・オブ・アジア》』を公にし、米国の学者ポール・ケーラスは『仏陀の福音《ゴスペル・オブ・ブッダ》』を著わし、本邦から釈宗演、鈴木大拙を招いて、米国の学界に日本仏教を紹介した。又芸術上から仏教美術の欧米人に賞玩せられたのは極めて著しく、英国のゴルドン夫人の如きは、日本に居住して専ら仏像仏画仏具を蒐集し、英文で『ロータス・ゴスペル』（蓮花の福音）を公にし、仏基両教の一致点を見出すに力めた。

三十四年二月には田中弘之、織田得能等は釈雲照、渡辺南隠、桜木谷慈薫等の耆宿を煩わし、東亜仏教会を設立するあり、他面には研究熱が旺盛となり、新たなる機運に向わしめた。勿論この傾向は前期からあったのであるが、仏教の根本的、哲学的及び史的研究が隆盛となったのは、この期に入ってから一層顕著で、学術的研究の意味において仏教学完備の時代と称すべきである。

仏教の哲学並びに古典研究に就ては、三十年井上円了の『外道哲学』、同年姉崎正治の『印度宗教史』、三十一年井上円了の『印度哲学綱要』、姉崎正治の『印度宗教史考』、高楠順次郎の『梵文学教科書』、三十二年姉崎正治の『仏教聖典史論』、三十三年高楠順次郎の『巴利仏教読本』、姉崎正治の『上世印度宗教史』、三十六年松本文三郎の『印度雑事』、三十九年常盤大定の『印度文明史』、榊亮三郎の『解説梵語学』、四十三年立花俊道の『巴利語文典』、荻原雲来の『梵語入門』等が刊行された。次に仏教の歴史的研究については、村上専精の『仏教史林』を刊行したのを始めとし、三十年村上専精、鷲尾順敬、境野黄洋共著『大日本仏教史』、三十一年村上専精の『日本仏教史綱』、『和漢仏教年契』、三十四年前田慧雲『本願寺派学事史』、境野哲『仏教史要』(日本之部)、三十五年井上哲次郎『釈迦牟尼伝』を著し、同年より三十八年に亙り、中野達慧編輯に当り京都蔵経書院より、卍字本とて訓点を附した『大日本校訂大蔵経』三百四十七冊を刊行した。三十六年鷲尾順敬『日本仏家人名辞書』、前田慧雲『大乗仏教史論』、姉崎正治『現身仏と法身仏』、境野黄洋『仏教史要』、松本文三郎『仏典結集』を刊行、三十七年石原即聞『日本仏教史』、舟橋水哉『小乗仏教史論』を著わした。三十八年境野哲の『印度仏教史綱』、三十九年同『印度支那仏教史要』、三十九年藤井宣正の『支那仏教史』、同年吉水智海の『支那仏教史』等あり、土屋詮教は三十七年から早稲田大学文学科講義録に『日本宗教史』を掲載し、四十年単行本として刊行した。かくして次期に入り、四十二年浩々洞編の『仏教辞典』、望月信亨の『仏教大辞典』第一巻、同辞典附録『仏教大年表』、四十三年伊藤義賢の『日本仏教通史』、姉崎正治の『根本仏教』、四十四年『仏教大辞典』第二巻、境野哲の『日本仏教小史』等撰著出版、『仏教史学』も創刊されて仏教の歴史的研究の端緒を開いた。なかんずく村上専精の業績は明治仏教史上その功を特記すべきである。かくて研究は益々深く広く進められ、仏教は原始的のものと、発達せるものとの別、小乗と大乗との別、第一義と第二義、第三義との相違等が明瞭となり、自由研究が青年学徒を唆《そそ》った。かかる希望から明治三十年六月河口慧海は西蔵仏教研究の目的で探険の途に上り、七月カルカッタから入蔵の目的を達した。その前能海寛は支那から蒙古を経て入蔵を企てたが、遂に行方不明となったのは惜しむべきことであった。

各教団が教学布教の振興に伴い経費多端なるより、その財政的刷新確立もまた緊要な問題であった。これに対し夙に着眼した本派本願寺法主明如は、明治十九年三月執行長利井明朗をして、末寺一般に護持会設立の旨を伝達せしめ、該会趣意書並びに規定を発表し、三十一年十月迄に百四十五万四千七百五十八円六十一銭一厘の収納額を見たので、民法第四十四条により三十三年内務省へ財団設立許可の申請をなし、同年十二月登記認可せられた。で、爾来布教奨学にその利子を運用する途が開け、或は本末共保会をも設けて資金の充実を図った。それから明如は慈善事業達成の計画として、各宗協同の慈善会設立を提案せられたが、容易にその成立を完了し得なかったので、遂に真宗本派のみで明治三十一年大日本仏教慈善財団を発願設立した。同年冬法主は執行長及び執行に対し、慈善会設立の内意を懇示し、直ちに設立の準備調査に着手し、当時漢口に滞在中であった嗣法にも松原深諦を派して諮議し、また顧問会議を開いてこれを諮詢し、賛事松原深諦、注記神根善雄に規則を編製せしめた。更に奉仕執行服部来浄、水原《みずもと》慈音、利井《かがい》明朗《みょうろう》、赤松連城、武田篤初、藤井皆立等を準備委員に任じ、三十二年六月十日服部執行の名で名望ある各地の信徒に招状を発し、慈善会組織の相談会を開くこととなり、来会者七十余人、紫明之間で宗主親しく慈善会設立の趣旨について懇諭あり、ついで鏡如（光瑞）嗣法の挨拶あり、畢《おわ》って来会者一同浪之間において第一次相談会を開き、満場一致で設立を可決した。かくして基金五百万円を募集する計画を協議し、七月二十日第二次創立準備会には来会者約二百名、鴻之間において宗主の親諭並びに赤松連城の複演あり、ついで黒田綱彦より財団組織の順序について説明し、協議の上満場一致を以て原案を賛成し、来会者各鞠躬尽瘁本事業の成功を期することを盟った。そしてこの慈善会は信徒有志設立者となり、宗主を総裁に戴くこととなった。それから募財に着手し、門末一般協心戮力して凡そ百万円の申込みあったから、三十四年三月五日評議員会を開き、同年六月二十二日財団法人設立認可を内務省に申請し、九月二十一日内務、司法、文部三省大臣の名を以て設立認可の指令を得ることとなった。三十五年十二月二十七日の調査によれば、寄附申込総額金二百五十二万七千四百七十二円余で、爾来財団資金の果実を以て、社会救済の事業を援助し、刑務教誨広島の保護、育児、感化院、京都の六条診療所、人事相談所、東京の盲人学校より、各地の感化院、免囚保護、育児院等に対しても、年々補助金を寄附するに至ったのは、他の各宗に率先した教団財政確立の模範と称すべきものであった。

第三節　自由討究と仏教文学芸術

研究熱が進むにつれ、明治三十年頃から自由討究が盛んとなり、諸種の研鑽攻究及び新運動を発生せしめた。なかんずく新仏教は、既に前年来古河老川（実名勇）の『仏教』に主筆たりし頃から、進歩した青年仏徒の間に主張されていたが、境野黄洋、渡辺海旭、杉村広太郎、田中治六、高島米峰、安藤弘、結城素明、加藤玄智等は各宗の新思想を有する青年を糾合して、最初仏教清徒同志会と称し、後に新仏教徒同志会と改称し、加藤咄堂、拓植秋畝等幹部に加わり、三十三年七月その機関誌『新仏教』を発行して健全なる信仰、知識道義の振作及び迷信剿絶、従来の形式的因循姑息なる宗教的制度儀式を保持する必要を認めず、公認教運動の如き、政教を混同する政治上の不法なる保護干渉を斥くる主張等を発表した。別に大日本仏教国民同盟会があり、仏教を公認教たらしめんとの目的の為に、三十二年一月機関誌『政教時報』を発行し、石川舜台、近角常観相提携して、政教問題に就き論議した。そして近角常観を海外に派して、宗教制度を調査せしめたが、帰朝後常観は求道学舎を設けて、雑誌『求道』を刊行し、求道会館を建て、政教問題から遠ざかって独立の教壇を張った。更に明治仏教思想界に顕著なるものは、清沢満之の精神主義で、本郷森川町に本拠を置き、機関誌『精神界』に依って絶対の精神主義を鼓吹した。その思想は真宗の親鸞教を復活し、これを純化せんとしたもので感化力強く、その門下よりは佐々木月樵、多田鼎、暁烏敏を始め幾多信念に生きた人材を出した。

三十四年頃における覚醒的現象は、僧侶の家庭問題もその一であった、元来真宗以外の仏教各宗では、僧侶に公然の妻帯を許さない宗規であったので、却って破戒堕落の僧が多く、仏殿裏に違法の妻帯噉肉飲酒をなし、滔々として敢えて怪しまなかった。世間では維新前からこれを非難して、僧侶の醜態、偽善、非行を暴露したものである。そこでこの年から先ず浄土宗議会に、宗規上公に妻帯を許すとの提案があってこれを決し、爾来漸次に各宗ともこれに倣う傾向となったが、宗規とすることはすこぶる困難であった。

三十二年来馬琢道は『仏教各宗綱要』を撰し、同年文学博士の学位を得た村上専精は三十四年七月『仏教統一論』第一編を公刊、三十八年までに三巻を著わして、大乗非仏説を論じ仏教の統一を唱道した。そこで教界はたちまちこの問題で囂々たる現象を呈した。専精はそれが為に、一時大谷派の僧籍を脱するに至ったが、仏教の学解上にはむしろ卓見として、学界はその学者としての人格に感動したが、事実上、統一の如きは不可能とせられた。二十四年七月にはラマ教貫首阿嘉呼図克《アチャホトク》図《ト》（賢能聡慧禅師と号す）来朝、八月織田得能に送られ辞去した。明治三十五年から数年間に亘り本派本願寺嗣法大谷光瑞は、派内の新智識に富める僧侶藤井宣正、薗田宗恵、島地大等、本多恵隆、渡辺哲信、橘瑞超、清水黙爾、井上弘円、吉見円蔵、前田徳水、渡辺哲乗、野村礼譲、茂野純一等を督励し、各部署を定め『西域記』記載のインド、支那、ビルマをはじめ、中央アジア探検を計画実行して仏教史蹟を調査し、珍貴なる参考品をもたらして帰朝し、世界の考古学、史学、地理学上に貢献した。この頃から仏教が又広く学者によって社会に紹介さるる傾向が生じた。高山樗牛がその天才主義、美的生活論から、日蓮主義に転じたのもこの年である。そして福地桜痴、村上浪六、森鷗外、須藤南翠、山田美妙、半井桃水、夏目漱石、泉鏡花、幸田露伴、坪内逍遥等も樗牛と前後して仏教文学を作品の上に取扱った人々である。その取り扱われたる題材としては親鸞、日蓮、法然等各宗教祖の伝統やその体験が主であり、宗門としては真宗、浄土宗、日蓮宗、禅宗等に関するもので、すこぶる大きい影響を与えた。この外長唄、琵琶歌、唱歌等にも仏教精神を籠めた作品が多く現れた。

　三十一年以降における仏教雑誌として『反省雑誌』、『宗粋雑誌』、『教界時言』、『教友雑誌』、『花の園生』、『明教新誌』、『浄土教報』、『高野新報』、『曹洞教報』、『仏教』、『新仏教』、『宗教』、『真宗新報』、『教誨一瀾』、『菩提』、『宗教世界』、『東光』、『反省の鏡』等があり、各宗派学校の機関誌として、真宗大学の『無尽燈』、仏教大学の『六条学報』、及び『高輪学報』、曹洞宗大学の『和融誌』、宗教大学の『宗教界』、真言宗大学の『密宗学報』、曹洞宗の『禅学』等があった。又三十一年頃から『哲学雑誌』、『東洋学芸雑誌』、『天則』、『帝国文学』、『太陽』、『史学界』、『日本人』等の一般学術、評論、ないし文芸雑誌にも仏教に関する評論記事を散見するようになった。

明治三十六年一月仏教界の巨星本派本願寺派管長光尊（明如）の遷化があった。偶々嗣法光瑞はインド探検中であったが、三月帰朝してから法灯を継いで法主となり、同時に管長に任じ学制の改革に着手した。六月十五日にいわゆる教学方針の親示を発し、天才的人物養成を企画し、先ず三十七年三月高輪大学廃止を決定したので、前田慧雲、酒生恵眼、梅原賢融（通称融）等の同大学一派は直ちに起ってこれに反対し、真宗本派同志会の組織を見るに至った。けれどもその主張は採用されず、折角帝都に移った大学及び中学を再び京都に復帰せしめ、別に六甲山に特殊の中学を設立したのみならず、探検、従軍、出版等に多大の資を投じ、後日財政上の累を胚胎したのであった。大谷派では光瑩法主の下に財政的紊乱甚だしく、ために内部の紛擾が絶えず、法主及び役僧等相議して財務の処理一切を井上馨に託したので、馨は負債整理委員を選挙せしめ、三年を期して負債償却の財源を、門徒の喜捨に待つの方法を講じた。が、その実行はすこぶる困難で、予定の喜捨を得ることが出来なかった。既に三十四年六月には副管長を置く制をも設け、嗣法主光演その後を継ぎ財政整理に当り、三十八年まで続いた。後、光瑩は光演の寺務委任を解き、自ら再びその職に当ったが、種々の問題相つぎ四十一年十月遂に光瑩は職を退き、光演管長に任じ、第二十三代の伝灯を嗣いだ。それから本山重役を督励して財政整理に当ったが、その輓回は容易でなかった。

第四節　各宗融和と教化事業

明治二十年前後には、言論において仏教徒は破邪顕正、ヤソ教退治の演説をなし、到る処に歓迎せられた。新聞や雑誌の論文もまたかくの如き題目を掲げて攻撃した。そしてキリスト教もまた我が邦の祖先崇拝や、僧侶の堕落に対する非難、又は国家的思想に反対の態度をとり、互に衝突が絶えなかったが、明治末に至ると、各宗の間において信教の自由を妨ぐることなく、各宗派互に接近融和し、人道のため、社会事業等には相提携して、その実行に尽瘁したのである。この間の事実は当時の監獄教誨、免囚事業、養老院、孤児院、感化院、慈恵院、日曜学校、各種教化事業の各地方に勃興したのを以ても、大体推測することができる。それから二十七年以来本派本願寺ウラジオ開教には矢田教証、蓮本連城、伊藤洞月、清水嘯月、村井選徴等を経て、三十五年太田覚眠赴任し、爾来危険を冒して我が移住民を感化保護し、布教の任に当った。又官界より転じて我が製紙紡績業の先駆者となり、貿易方面にも功労のある河瀬秀治は、三十年四月同志大内青巒、島田蕃根、桑田衡平等と聖徳太子の遺訓に遵い、明治天皇の聖旨を奉戴し、専ら国民精神を修養する趣旨の下に上宮教会を創設し、自らその中心となって資を投じ、会堂上宮学院を本郷壱岐坂に建設し、碩学高徳を聘して、毎週定期講筵を開き、青年を指導誘掖した。後に加藤咄堂、高嶋米峰、境野黄洋、柘植信秀、安藤嶺丸、峰玄光等も参加し、社会事業をも経営するに至った。

明治三十七年二月十日露国に対し宣戦の詔勅が渙発せらるるや、露国では欧洲列国の同情を買わんが為、ややもすると戦争の大局を人種問題や、或は宗教問題に関するが如く論ずるものがあるので、第三国の誤解を醸そうとする彼等の奸手段に陥らないように、同年五月十六日を以て芝公園忠魂祠堂会館に、大日本宗教家大会を挙行した。神仏基三教の代表者一千五百六人(内三百六十八人は神道家、七百四十七人は仏教徒で、十七人の婦人も加っていた。三百六十六人はキリスト教徒で、四十三人の外国人、十五人の婦人も加わった。この外インド人五人、内外新聞記者二十一人)が一堂の下に会したなどは、真に宗教界の傾向が互に相接近し協和するに至った結果であって、明治宗教の一大進歩である。この大会における仏教家代表として村上専精、大内青巒、前田慧雲の演説があった。

この以前より軍隊布教は各師団下において常設的に東西本願寺を始めとし、他宗も地方によって加わり、教界知名の僧侶を軍隊布教師として派遣し、定時又は臨時に講筵を開き、軍人の思想教化に尽力した。その布教師数は三十八年の調査によると、本派本願寺三十八、大谷派本願寺三、浄土宗五、興正寺一、日蓮宗一、曹洞宗五、臨済宗及び黄檗宗一、妙心寺一、真言宗四、建長寺一、計六十人で、本派本願寺は絶対多数を占めたのである。先ず三十七年一月六日日露開戦の時局切迫せるを知るや、宣戦布告前に光瑞法主は臨時部を設置し、光明、尊由の両弟をはじめ、日野尊宝、武田駕初、足利義蔵（後瑞義と改名）、渡辺哲信、本多恵隆、弓波明哲、痴山義亮、後藤環爾、花田凌雲、前田徳水、北畠玄瀛、龍江義信、佐藤巌英、遠山正導、林嶺信、伊藤真順、大沼善隆、能野《よしの》霊達、岩井宗成、井上叩端、小笠原博愛、藤田順道、吉田隆道、長尾雲龍、松浦定憲等を軍隊布教師に任じ、光明、尊由、尊宝分担各軍の統率に任じ、慰問並びに布教葬祭に従事した。その中で藤田順道は軍隊慰問使として、同月二十日西京丸に乗り込み、看護卒として塔乗せる俵順命と専ら海軍の方面を担任した。大谷派本願寺では財政逼迫の際とて従軍布教師を派遣せぬ方針であったが、第八師団参謀長林太一郎大佐は大谷派の寺院出身で、同派の本多文雄と親交あったので、従軍布教師として、同師団に従軍せしむるよう本山に提議して許可され、三十七年三月八日従軍許可、十月四日大阪湾出発第八師団に、三十九年三月の帰還迄従軍した。同師団には他に本派から福山正之、菅舜英、浄土宗から筑場義定、曹洞宗から高田顕哉も派遣されたが顕哉病死し、斎藤智昇がその後を継いだ。又大谷派から大塚鳳雛、智山派からは五十嵐光龍等の他にも、数多の従軍布教師が参加した。

かく明治末に国家社会のため仏教徒の活動したる事象として、二十七年日清開戦から明治三十八年に至る日露戦争を通じて、各宗派が軍隊布教、傷病兵慰問、招魂法会等にその能力を傾注した。

そしてなかんずく軍隊布教には本派本願寺の如き特にその功積顕著なるもので、日露戦役には太田覚眠の如き、露領在留邦人の将にシベリアを引き揚げようとするに際し、身命を賭して同胞の救護に斡旋した。又円覚寺の管長釈宗演は第一師団に属して遼東の戦野に布教し、ついで律師稗雲照は親しく出でて満洲各地に布教し、慰問した。それから本派本願寺の執行長蓮枝大谷尊重（光尊三男光照の父、後に光明と改名）その弟尊由は前記の如く多数の部下を率い、戦地に奔走して或は戦死者を弔い或は士卒を慰めたるなど、経費等に制限なくその活動目覚しきものがあった。この際執行武田篤初は満洲における軍隊慰問を了り、北京に赴いて日支仏教徒の聯合を計画中、病に犯され同地に客死した。それればかりでなく、三十九年には光瑞法主が支那、満洲から樺太に航して親しく布教に勉めたる傍ら、南洋、台湾等の殖産その他の研究に従事し、国家社会のため奉仕し奔走したのである。そこで四十年五月、三十七八年戦役奉公の功労を嘉賞せられ光瑞に優渥なる次の勅語を賜わった。

明治三十七八年ノ戦役ニ際シ、先志ヲ紹述シテ門末一般ノ奉公ヲ奨励シ又汎ク従軍僧侶ヲ出征部隊ニ派遣シ士気ヲ鼓舞スルニ努ム其労尠《すくな》カラズ　朕深ク之ヲ嘉ス

四十二年秋宗演は米国桑港〔サンフランシスコ〕に渡航して布教し、それから欧米を観光して帰朝したのは、米国人に禅宗の教化を播種したものと謂うべきである。

本派本願寺の朝鮮開教は二十七年七月、加藤恵澄をして在鮮居留民を慰問せしめ、八月藤島了穏

を韓廷に派遣、十二月大洲鉄然渡韓開教の計画、二十八年京城に清韓語学研究所を設けて開教の準備をなし、三十五年八月釜山の信徒山田惣七等の尽力で別院建設の緒についた。それから清国開教も三十二年一月嗣法大谷光瑞（鏡如）渡清視察、三十一年八月紫雲玄範を厦門《アモイ》に派遣し開教に着手した。それから二十九年一月紫雲玄範外三名の開教使を台湾に駐在せしめ、国語学校を設け、台北台南を中心に開教した。三十三年大谷派本多支雄、田中善立が福建省開教使として活躍中、厦門東本願寺教堂焼打事件などもあった。本派本願寺が十九年七月多聞速明を派遣して開教に着手せるウラジオストクには六月教場を創設した。同年八月にはシンガポールに佐々木千重を派遣し布教場を設けた。又三十一年インド仏教視察のため土岐寂静、朝倉明宣の両名を派遣し、仏教源流地の情況を調査せしめたが、セイロン島、コロンボにおいて寂静は客死し、明宣はセイロン島との聯絡を計って帰朝した。本願寺がハワイ開教の嚆矢は二十二年三月豊後曜日《かがひ》蒼龍が自ら奮ってハワイ同胞のため、仏法弘通の任に当る志を明如宗主に告げ、親しく激励せられて、ホノルルに渡り、布教場を設立したのにある。その後正式に開教に着手したのは三十年三月宮本恵順をハワイに遣わして具さに実情を調査せしめ、十月ホノルルにハワイ出張所を設立、翌年一月里見法爾を開教監督に任じ、全島に亙って教線の拡張を計るに至ったが、続いて今村恵猛その任に当り、在布〔布哇＝ハワイ〕三十有余年、別院、学校、社会事業等を経営し、献身我が同胞並びに白人教化に尽瘁した。それから真宗大谷派、浄土、曹洞、真言、日蓮等他宗派も漸次開教するに至った。又本願寺では二十九年十二月開教事務局真宗教会本部を廃して布教局を置き、三十一年七月布教講習所を設置し、教学参議部を設け、三十三年布教講習所を教務講習所と改称、一宗の教学布教の研究実行に努めた。それから本願寺のアメリカ開教は三十二年にその端を開き、七月初旬、桑港仏教青年会が三崎正教を委員として来山せしめ、同地における教会設置の急務を開陳した。が、この前米国開教の目的で薗田宗恵、西島覚了の派遣が決定し、八月横浜を発し、九月桑港に着し、同港ポーク街仏教青年会堂に本願寺出張所を開設着々伝道事業を拡張した。

第五節　教団及び人事異動概要

本期における宗派別立並びに、管長、座主、長者等の更迭異動は次の通りであった。

二十九年には正月曹洞宗畔上楳仙、三月妙心寺派無学文奕、四月妙満寺派板垣日暎、五月南禅寺派毒湛匝三、六月浄土宗西山派清水範空、不受不施講門派葦名日善、十月本成寺本隆寺両派神保日惟、十一月日蓮宗八品派木村日念、十二月不受不施講門派釈日心、三十年には正月曹洞宗森田悟由管長就任、この月建仁寺に各宗管長会議が開かれた。九月石室孝暢天台座主に、十月三神快運真言宗長者に、十二月能受日光日蓮宗八品派、鶏溪日舜日蓮宗管長に任じた。三十一年正月畔上楳仙曹洞宗、四月大井日住不受不施講門派、六月菅原精空浄土宗西山派、八月岩村日轟日蓮宗、十一月日蓮宗妙満寺派を顕本法華宗、八品派を本門法華宗と改称、十二月神保日惟本成寺派、真枝真正本妙法華宗、三十二年正月森田悟由曹洞宗管長に任じた。二月日蓮宗不受不施講門派を本門宗と改称、五月虎関宗補妙心寺派、六月清水範空浄土宗西山派、九月秦行純法相宗、三十三年正月畔上楳仙曹洞宗、二月佐保山晋円華厳宗、五月古谷日新法華宗、六月久田倣道浄土宗西山派、虎林嘩嘯黄檗宗管長に任じた。八月真言宗御室、高野、大覚寺、醍醐寺、豊山、智山各派別立して各管長を置くこととなった。九月日蓮宗富士派独立し、大石日応管長に任じた。十月坊城皎然天台宗、三十四年正月森田悟由曹洞宗、権田雷斧新義真言宗豊山派、四月小原日純本門宗、清涼得善融通念仏宗、六月日下俊洲浄土宗西山派、本多日生顕本法華宗管長に任じ、六月大谷光演大谷派副管長に任じた。七月龍淵元碩臨済宗天龍寺派、三十五年正月西有穆山（瑾英）曹洞宗、四月森田日源本門宗、五月山下現有知恩院に住し浄土宗、六月清水範空浄土宗西山派、八月吉山日明本門宗、九月佐伯定胤法相宗管長に、十月三津玄深天台座主に、久野日利法華宗管長に任じた。

三十六年正月森田悟由曹洞宗、大谷光瑞本願寺、三月関定真臨済宗妙心寺派、六月河野察龍時宗、七月臨済宗方広寺派独立管長を置く。同月釈宗演建長寺派、十一月鐀内日尚本門法華宗、十二月蘆津実全臨済宗永源寺派、三十七年正月西有穆山曹洞宗、二月立正日静本妙法華宗、六月加藤観海浄土宗西山派、七月佐伯法遵真言宗、蓮胤日幸本門法華宗、八月紫石聯珠黄檗宗管長に、十月山岡観澄天台座主に、十一月御牧日聞本門法華宗、十二月森田悟由曹洞宗管長に任じた。

かくして三十八年の管長更迭は非常に多きを示し、正月平常識新義真言宗豊山派、渋谷隆教仏光寺派、二月藤原善瑩真宗山元派、三月猷禅玄達妙心寺派、稲葉日穏本門寺派、五月本多日生顕本法華宗、寿仙時保建長寺派、函応宗海円覚寺派、六月中西慈芳浄土宗西山派管長に任じた。六月臨済宗天龍寺所轄仏通寺派独立、寛量思休、九月大西良慶法相宗、十一月正城全鏡豊山派、十二月桃井日威本門法華宗、石川素童曹洞宗管長に任じ、四月臨済宗相国寺所轄国泰寺派独立龍水瑞雲管長に任じたが、宗派の分裂は結局教団統制の実力を減殺し行くものであるから、むしろ小異を捨てて大同に帰し、力強き宗派をなすこそ、布教、伝道、教学に大をなす所以であるまいか。

第五章　仏教大会海外伝道の時期

（明治三十九年より同四十五年に至る約七年間）

明治時代の最終期における仏教は欧米の研究法に影響せられ、古典的に、哲学的に、歴史的に、訓詁的に、或はパーリ語、梵語より、インド、支那、西蔵の歴史に遡って根本的に研究せられ、我が学徒の研究方法に新生面を開拓して来た。その結果広く仏教徒の自覚となり、譬喩や、伝統や、儀式等の桎梏下にあった諸説には、新人の首肯し得ざるもののあることを知った。かくて第一義の仏教に立脚して、自由なる真の大乗仏教を骨子として、新信仰が唱えられ、既成教団には革新を叫ばるるに至った。そしてその主張者は僧侶と一般学界人との両者に現れ、更に内外の新思想と結びついて、主義の形式ともなって勃興した。が、その中には首肯し得ない浅薄なる迷信や、独断なる邪義を、無知な大衆に説き弘めている怪行者も少くなかった。

要するに明治末の仏教教界は、混沌たる中にあって、学的研究によって一道の光明を見出し、神道家、キリスト教徒も、仏教の根本義には、その真理を認めざるを得なかったのである。この期において特筆すべきことは、明治天皇の崩御により、国民挙《こぞ》って哀傷の念を深くしたことはいうまでもなく、その御鴻業と御聖徳に感激すると同時に、仏教のため陰に陽に聖恩を垂れさせられたこと、次に大日本仏教徒大会の開催が、全国の宗教界を刺戟し、政府は三教会同等により、各宗教団と協力して思想善導、社会教化に尽力すべきことを懇望したことなどである。それからこの期には、従来容易でなかった海外伝道が漸次整備し、国際関係の障壁がなかったならば、当に大成の域に達しようとしたのである。

第一節　仏教徒大会と三教者会同及び伝道

明治四十年の陽春において、仏教には勿論、日本の宗教史上、特筆すべき美挙があった。それは四月三日から七日まで万国キリスト教青年会が東京に開かれ、世界各国より百八十有余の名士が、我が極東に渡来して一堂に会し、次いで同月六日から八日に至る三日間、大日本仏教徒大会が開催されたことである。この大会開催となった動機の一は、キリスト教の世界的大会に刺戟せられたのと、一は東京博覧会開催の期を利用して、仏教各宗派の団結を鞏固にし、今後の共同活動に関する方針を確立しようとの希望からであった。そこで南条文雄、村上専精、三上参次、大内青巒、久我通久、柳沢《ママ》〔沢柳〕政太郎、河野広中、柳原義光、渡辺国武、平田東助、尾崎行雄、東久世通禧、神谷伝兵術、辰巳小次郎、外四十名程が発起となり開催するに至ったのである。元来この会は同年一月十日、千家府知事が在京の各宗代表者を招集し、博覧会の開会を機とし、開扉、宝物展覧会等をなすべきことを勧告した際、その席上で二三の有志家中から発議したのに基くもので、その後各派より、それぞれ委員を出して準備を整え、大会第一日は、六日午後一時から浅草本願寺で開かれた。定刻に至り司会者岡田治衛武開会を宣告し、続いて禅宗の耆宿西有穆山を座長に推薦し、君ガ代奏楽合唱の後、穆山は来会者を代表して仏前に三帰礼を行い、次に委員田村豊亮は開会の辞を述べ、直ちに議事に入り、司会者岡田治衛武は宣言を朗読し、発起人鈴木充美決議案を朗読し、満場異議なくこれを可決した。次いで来会者提出の二三議案を議了した後演説会を開き、南条文雄、高木兼寛、大内青巒の演説につぎ、千家府知事、尾崎市長等の祝辞があって午後五時半閉会した。当日の来会者は全国の僧侶及び信徒等千五百余名、その主なるものは、各宗管長を始めとし、千家府知事、尾崎市長、男爵高木兼寛、南条文雄、棚橋一郎、大内青巒、島田蕃根、鈴木充美、両院議員、市及び各区名誉職員、各新聞雑誌記者、全国各宗の教務員、これに発起人等であった。七日は地方出京者の市内宝物観覧、午後は浅草公園伝法院における園遊会、八日は釈尊降誕祝賀会、九日から十二日まで四日間は、市内各所に仏教演説会を開き、十三日以後は更に部署を定め、全国に向って大挙伝道を試みた。これより前、同会よりキリスト教青年大会に敬意を表する意を通じ、神道同志会もまた青年会の人道に裨益する行動を感謝して記念品を贈った。これに対しキリスト教も厚く応酬した。この機に当り、二十一日大日本宗教協和会（明治三十七年の大日本宗教家大会後三十九年五月に設立されたもので、神仏基の各宗教家が年々会合して交誼を温め、互に相協和して、その本分を尽そうとするのである）は春期大会を開き、午後一時を以て神田錦町キリスト教青年会館に演説会を催した。その際小崎弘道、海老名弾正、島田三郎、コーツ博士、南条文雄、祥雲碓悟（後の古川）、五十嵐光龍等が出演した、又その夜懇話会を開催し、小崎弘道、井上哲次郎等の演説があり、規約を決議した。この大会後における宗教家の行動は、ただにその大会地である東京市民に好感を与えたばかりでなく、日本全国の宗教界に尠《すくな》からぬ活気を添えた。その影響として、信仰を異にする我が国民各自が、宗派的偏見を棄て、互に自他の信仰を尊重し、東西宗教思想の融合同化を促進する趨勢となったのである。

四十四年八月第二次桂太郎内閣が倒れ、第二次西園寺公望内閣が成立した。この際内務大臣兼鉄道院総裁が原敬で、床次《とこなみ》竹二郎は内務次官に任じた。当時日露戦争の結果、成金が輩出して物質万能享楽生活の弊風は、世道人心を毒し、道徳思想の頽廃が著しくなった。そして一方物価の騰貴は、無産者の生活を脅かし、社会主義が勃興し始めた。そして幸徳伝次郎（秋水）等の大逆事件が朝野を震駭せしめた直後であった。そこで床次次官はかかる世相の悪化を慨し、これを匡救する一助として、国民の宗教心を鼓吹する国策の見地から神、仏、基三教の権威者を一堂に会し、その奮起を促し善処しようと内相に提案した。この趣旨に先ず大賛成の意を表したのは姉崎正治博士、佐藤鉄太郎海軍中将、小笠原長生子爵、本多日生等で同年十一月から、それぞれ分担して有力者に諒解を求むる段取りとなり、床次は明治維新廃仏毀釈に関係あった山県、松方、大隈の三元老を歴訪し趣旨を説明すると、いずれも賛成し、特に大隈重信は激励の書まで送られた。然るにこの計画が世間に漏るるや、賛否の論評囂々として政教界の大問題となった。教育家では吉田熊次、仏教側では近角常観、高嶋米峰、安藤正純等、各々その見地を異にし、或は教育と宗教とを混同するものとし、或は三教者会同を三教合同と誤解して信仰の動揺を来たすとし、或は役人の肩書で宗教家の干渉をするを不可として反対した者もあった。それから結局無効に終るものとして冷笑する者もあり、甚だしきに至っては原内相が宗教家を政治に利用しようとする党略であるなどと攻撃するものすらあった。これに対し床次は『三教者会同に関する私見』(一般に三教者会同を略して三教会同と称している)を発表した。それから二月五日衆議院において木下謙次郎は、この問題に対し質問書を提出し、二十一日説明演説を試み、貴族院予算会では久保田譲の質問があり、原内相これに答弁し、漸次世論も鎮まり、二十五日会同を断行したのである。

場所は華族会館で、政府側からは原内相、松田(正久)法相、林(董)逓相、斎藤(実)海相及び床次、財部、平沼、福原、小松原の各次官、その他内務省各局長、田所文部省普通学務局長、武島陸軍高級副官等で、西園寺首相は病気欠席した。案内状を発したのは仏教五十六派管長神道十三派管長、キリスト教七教会代表で、当日の出席者は五十一名であった。臨済宗永源寺派管長蘆洲実全を先登に、同東福寺派執事古川守瓊、顕本法華宗管長本多日生、真言宗御室派管長土宜法龍、黄檗宗管長高津柏樹、曹洞宗管長石川素童、本派本願寺嗣法大谷光明、その他各宗派の管長代理、神道側では実行教管長柴田礼一、大社教の千家尊弘その他の代表者、キリスト教側では、天主教のエブラル代理本城昌平の外本多、宮川、井深、元田、千葉、石川の諸人総て五十一名、金襴の袈裟をかけた者、シルクハットの者、紋付袴、料理も各自の好みにより精進、日本、西洋等に分れ、前代未聞の光景であった。その日原内相の簡単な挨拶があり、三教者の代表から謝辞があって五時頃散会した。

翌二十六日午後一時から三教者自ら華族会館で会同を催し、床次次官、斯波宗教局長、潮書記官の三人を招いだ。これより前、一月、床次次官の発意に依って三教者会同の行わること、新聞紙に依って伝えられるや、中外日報社東京支局長武内紫明は、この際各宗派は聯合の中央機関を設置し、政教問題等に協力一致して当ることの緊要なるを主張し、東本願寺東京宗務出張所長で浅草本願寺別院輪番大草恵実は、予ての持論なりとて大いに賛同し、東京仏教青年伝道会常務理事安藤嶺丸は、東京における各宗派の間を表面的に斡旋し、武内紫明は裏面的に各宗派当局を勧説した結果、二月七日、浅草公園伝法院に会し、先ず当面の三教者会同に対する仏教各宗派有志の態度を決定すべく大草の名により案内状を発し、懇談会を開催した。出席者の主なるものは曹洞宗弘津説三、顕本法華宗本多日生、日蓮宗佐野前励、浄土宗本多浄厳、望月信亨、天台宗修多羅亮延、大照円朗、臨済宗窪田知膺、松井承珠、真宗大谷派安藤嶺丸等で、武内紫明これに参加し、大草恵実は急病の為欠席した。而してこの会合においては種々協議の末、近く三教者会同行わるれば、各宗派当局者はこれに出席して仏教者の識見と決意とを表示することを申し合せ、次いで各宗派当局の政教問題等を審議処弁すべき中央機関を設置することは、各宗派当局者において後日更めて協議することとし、武内紫明専らこれに尽力することとなり、この三教者会同にも、その裏面にあって斡旋した。

二十六日三教者会同当日午前、芝増上寺に旭日蓮宗管長、高津黄檗宗管長、藤門天台座主、土宜真言宗御室派管長、本多顕本法華宗管長、岩堀新義真言宗豊山派管長以下、各宗務長、執事及び今回新たに設けられた各宗派委員十一名と、合して五十余名出席し、先ず弘津委員長は、前夜芝天徳寺で開かれた委員会の経過を報告し決議案を説明し、満場一致で可決した。又神道側は二十五日夜、神田区錦町天理教会に集合、キリスト教側も二十五日夜、京橋区京橋教会に集合、それぞれ決議する所あった。そこで当日柴田礼一を座長に推し、前日の会同に臨席した各大臣に対して、右三教の決議原案は、各宗派より選ばれた委員、即ち弘津説三（仏）、本多庸一（基）、佐藤範雄（神）の三名の協議で纏められ、更に次の如き三教者会同決議案となった。

吾儕、今日三教者会同を催したる政府当局者の意思は、宗教本来の権威を尊重し、国民道徳の振興、社会風教の改善のために政治、教育、宗教の三者各《おのおの》其の分界を守り、同時に互に相協力し、以て皇運を扶翼し、時勢の進運を資けんとするにある事を認む。吾儕宗教家年来の主張と相合致するものなるが故に、吾儕は、其の意を諒とし、将来益〻各自信仰の本義に立ち、奮励努力国民教化の大任を完了せん事を期し、同時に政府当局者も、亦《また》、誠心鋭意此精神の貫徹に努められんことを望み、左の決議をなす。
一、吾等は、各《おのおの》其教義を発揮し、皇運を扶翼し、益〻国民道徳の振興を図らん事を期す。
一、吾等は、当局者が宗教を尊重し、政治、宗教及び教育の間を融和し、国運の伸張に資せられんことを望む。
この決議案は満場一致を以て可決せられ、次いで床次次官の演説あり、最後に柴田座長の発声で、両陛下の万歳を三唱し、五時散会した。

而してこの際、更に一歩を進め、学者、教育家をも加え、会合を催すべしとの説出で、姉崎正治は大学側の代表者たる井上、高楠、中島諸博士と相談し、奔走の結果、井上哲次郎、高楠順次郎、中島力造、姉崎正治、元良勇次郎、杉浦重剛（以上学者）、大内青巒、南条文雄、村上専精、前田慧雲、権田雷斧、佐野前励、弘津説三、望月信亨（以上仏教）、井深梶之助、松村介石、海老名弾正（以上キリスト教）、神崎一作、柴田礼一、平田猛胤、千家尊弘（以上神道）の二十一名が発起人となり、三教代表者の外に、神道、仏教、キリスト教の各有志及び学者を加えて二百二十余名は、二十八日上野精養軒に会合を催した。先ず姉崎が開会の辞を述べ、次で食堂に入り、井上は発起人を代表し、実行教管長柴田礼一は神道側、御室派管長土宜法龍は仏教を、日本メソジスト教会監督本多庸一はキリスト教、楽石社長伊沢修二は教育者側を代表し、何れも卓上演説を試み、また杉浦重剛も簡単に所感を述べた後、高津柏樹の発声で聖寿万歳を三唱して散会した。

その後伝法院に会した弘津説三、佐野前励、望月信亨は真言宗智山派宮木隆範、豊山派富田斅純等とも相会して懇談を遂げ、仏教徒の聯合機関の必要を力説した。それらがやがて仏教聯合会を組織する機運に到達した。明治末から我が思想界は欧米の哲学文芸科学の輸入によって常に波紋を生じ、それがために絶えず思想の変化するを免れなかった。けれども仏教の信仰は益〻鮮やかとなったのである。

かの二十五年以来先輩の後援により、各学校の学生によって組織せられ、漸次隆盛となった大日本仏教青年会は、二十九年第五回夏期講習会を遠州浜名湖岬に、三十年第六回を松島の勝区に、三十一年第七回を尾張知多郡常滑に、三十二年第八回を越前敦賀港に、三十三年第九回を東部沼津、西部広島に、三十四年第十回を信州長野市に、三十五年第十一回を養老公園に、三十六年第十二回を越後国五智に、三十七年第十三回を東京に、爾来毎年第十四回第十五回第十六回第十七回を経て次に四十三年、第十八回を大磯に、四十四年第十九回を前橋市に開催し、青年の仏教精神運動が行われたのである。そして禅学はこの当時から学者、政治家、青年学徒等の間に流行し、曹洞宗の禅堂、鎌倉の円覚寺、建長寺、又は京都の建仁寺、妙心寺等は彼等が参禅の道場であった。四十三年には密教研究会設立され、また法学博士で帝国大学並びに早稲田大学教授であった法華宗の熱心なる信者法学博士山田三良は、本多日生、田中智学、小林一郎等と雑誌『法華』を発行し、智識階級の間に伝道するあり、それから真宗、浄土宗の他力念仏と、キリスト教との融和を見出そうとするものもあるに至った。かかる間に我が国最古の仏教文化の標本である奈良法隆寺では、その維持金を得んがために、所蔵の百万塔数百基を頒布したというようなこともあった。明治三十五年十二月二十七日、時代に目醒めた各宗の青年が、浅草公園伝法院の客殿に会し、左の綱領とモットーとを掲げて大衆教化に奮い起とうと申し合せ、ここに仏教青年伝道会の創立を見るに至った。

綱　領

一、健全なる信仰を鼓吹し、其宣伝に邁進す。

一、敢て一宗一派に偏せず其協訓を謀る。

モットー

一、青年は須らく街頭に進出すべし。

如上の綱領を実行するために、明治三十六年四月から行われた浅草寺観世音の開帳を機とし、観音堂の後方に大天幕を張り、八十日間に渉る大学伝道を行ったのが、街頭進出の最初であった。かくて毎年夏季には大学伝道を行い、所縁に順って各所に天幕を持ち出して天幕伝道を試み、一方伝法院を中心として諸方に屋内伝道を実行し、又避暑地等に出張して青年仏徒の活躍を続けたが、同じ大衆伝道の意味で会堂の建設を企て、その目的の一部を達成したのが浅草公園の伝道会館であった。その計画発願は四十年四月一日で、内務省から一般募集の許可を得たのは四十一年三月、開堂式を挙げたのは四十四年六月二十四日であった。そしてその中堅となったのは真宗の安藤嶺丸、天台宗の壬生雄舜、浄土宗の窪川旭丈、曹洞宗の来馬琢道であった。さてその会館に安置する本尊仏をインドから迎えるために、多年同地に留学していた大宮孝潤が、当時ブッダガヤの大塔及びこれに関係せる建物又は仏像の管理者たるマハンタに仏像譲受の依頼状を発し、その承諾を得た。が、インド政庁の許可を得ねばならないので、これを大隈重信伯（後の侯爵）に相談した。伯は小村外相に交渉の結果、外相は次官石井菊次郎に依嘱したので、次官は外相に代ってインド政庁に交渉譲渡の許可を得、その譲受使者として当時インドカルカッタ留学中の山上曹源を依嘱し、大隈伯秘書として安藤嶺丸並びに大宮孝潤連署の公式書状を以て譲受状を発し、日本郵船会社の厚意で無料横浜迄輸送された。かくしてその釈迦像奉迎には、大隈伯自ら奉迎委員長となり、明治四十二年六月七日、東京新橋駅に迎え、檜の厨司に納め、御輿に安置して数十人の人夫に担がせ、途次三越で中憩浅草公園を経て伝法院に着した。大隈伯は大玄関に安置された尊像の側らに立ち、万余の群衆を前に奉迎の辞を演ぜられた。従って四十四年六月二十四日より五日間に亙る開堂式第一日には、伯爵わざわざ臨席「真理の指導者釈尊」と題して講演せられ、爾来会館の本尊仏としてインド仏像を仰ぐに至ったのである。

これより前、既に叙せし如く、東本願寺は朝鮮開教に従事せしめた奥村円心をして、朝鮮に学校を創設せしめ、慈善事業を興して徐々に布教の歩を進め、十三年には元山、十七年には仁川、二十年には京城、三十年には木浦に各別院を設け、明治末に至っては以上五別院の下に布教所三十余を数うるに至った。又本派本願寺が三十二年米国桑港に薗田宗恵、西島覚了等有為の僧侶を派遣開教せし後、内田晃融等これに続いて太平洋沿岸に十箇所の布教所を有するに至った。又ハワイには今村恵猛を監督としてハワイ移民の伝道に当たらしめ、爾来小、中学校、布教所等、各般の施設漸く完備し、内外人の間に鬱然たる教綱を成就するに至った。この外、禅、浄土、真言、日蓮諸宗の布教も行われたのであるが、それが大正に入り、日米の国際関係円満を欠くに至り、従来の伝道法を一転せねばならぬ機運に向った。

内地にあっては本派本願寺が明治二十五年から全国に講師を派遣し、鉄道従事員に対して講話を開始し、最初楠原龍誓その任に当り精神作興に資したが、四十一年その機構を完全にするため他に率先して鉄道道友会を組織し、伯爵清浦奎吾を初期、次に大谷尊由を次期の理事長とし、岡部宗城等を加え当局の施設と相俟って、精神講話、授産再教育及び遺児孤児救済の事業を起し、本部を築地に置き、『道の友』を発行して文書による修養研鑽に供し、又道友学舎を設け、東京に遊学する従事員の子弟を監督する方法を講じた。四十一年三月安藤嶺丸は浅草郵便局に精神講話をなしたるに端を発し、広く郵便、電信局の逓信従業員に講話することとなり、本部を浅草の仏教青年伝道会に置き、各地に各宗の講師を嘱託担任せしむることとした。教育の方面は四十二年東本願寺の高倉大学寮、新義真言宗の豊山大学の認定があり、四月真言宗聯合高野大学は専門学校令による認可を得た。四十三年二月本派本願寺京都第三仏教中学を平安中学と改称し、他の地方仏教中学も第一第二等の称を廃し、地方の名を冠するに至った。翌四十四年十月大谷派東京真宗大学は京都に移転した。

第二節　明治最終の教界及び管長異動

三十七年『復活の曙光』を著わして、その宇宙観、人生観を吐露し、蘊蓄せる科学、芸術、道徳、宗教論を公にし、信望愛を説いた姉崎正治（号嘲風）は、四十二年一月の『太陽』で「世界の文明に信仰の復興著るしく見え初め、それと同時に日本では、人心の修養に関する問題が勃興し、信仰問題の前途多望である」と論じ、物質主義、実利主義の偏重を排斥し、精神的文明の修養として他力の信仰、全能の愛、大悲の歓喜、信心の力に俟たねばならぬと主張した。その刺戟は宗教界、思想界に少なからぬ影響あった際、本派本願寺が率先して五月に大学伝道を試み、十一月からほとんど全国に亙って産業奨勧の鼓吹をなし、実社会と接近し、国家的活動をなした。又これと相対して大谷派本願寺では各地駐錫布教を敢行した。

この年四月臨済宗妙心寺開山関山国師に、無相大師、九月曹洞宗総持開山螢山禅師に、常済大師の追諡宣下があった。明治においてこの両大師と真宗の祖見真、曹洞宗の祖承陽、真宗の中興慧燈、泉湧寺の月輪（俊芿律師）、西教寺の慈摂（真盛上人）、智恩院の明照（源察）六大師と合して、八大師の謚号を朝廷から追賜せられたのである。この年四月には東都の名刹芝増上寺が再び焼失したのは惜しむべきことであった。

明治四十四年上旬、さきに釈尊の御遺影を分与せられたシャム国皇帝が、戴冠式を挙行せらるるに当り、日本各宗管長の賀表をもたらし、その代表として覚王山日暹寺住職日置黙仙が、来馬琢道を同伴して同国に渡航し、同月五日親しく日本仏教徒の誠意を奏上したことは、日暹親善の上に寄与したばかりでなく、彼我仏教徒の精神的連絡を一層明確にしたと云わねばならぬ。

さて各宗制度について一宗の統率者たる管長は、真宗の世襲制度を除き、他は大抵選挙によってその任に就くのである。そこで各宗中の有力なる本山では、宗務の実際には宗派により、総務とか、執事長とか、宗務長とか、執綱とか、総理とか、執行長とか、事務総長とか、宗務総監とかの下に、執行、執事、庶務、教学部、財務部、等の職制を置き、東京に出張所を設け、地方は各宗派適宜に教区を分って、教務所とか、出張所とか、宗務支局等を置き或は選挙区域を分って議員を選挙せしめ、宗内の大事は毎年一回、或は三年ないし五年一回程の議会協賛によって決することとなった。それから教育制度も専門学校、中学校、女学校令により大学、高等、中学、女学校をも設くるあり、海外布教を企て漸くアジア大陸欧米にも多数の信者を見るに至った。菅瀬芳英は三十四年から、同志と同和学園を東京本郷森川町に創設して、主に真宗青年学徒と起居を共にして薫陶したが、佐々木慶成専ら基金募縁に任じ、学園独立の基礎を築き、四十四年小石川久堅町に宿舎を移し、幾多教界有為の人物を出した。

さてこの時期における教団の統率者たる管長、その他の異動は、三十九年二月東昱通晃東福寺派、三月大井日住本門宗、六月福垣真応真言律宗、清水範空西山派、七月土宜法龍御室派、十月稲葉覚道時宗、十一月九峰定虔東福寺派、原日啓本門法華宗、十二月森田悟由曹洞宗管長に任じた。四十年三月妙高日海本門宗、六月勝川相善西山派、十一月唐橋泰教融通念仏宗管長に就任、十一月智山派宗会を開き妻帯を公認し、住職世襲の議を決し、一時教界の問題となった。十二月真言宗東寺派、同山階派、同泉湧寺派、同小野派独立し、各管長を置くこととなった。四十一年四月見性宗般大徳寺派、五月本多日生顕本法華宗、六月加藤観海西山派、七月岡崎日解不受不施派、八月法谷日泰本妙法華宗、九月臨済宗向岳寺派独立し、国山樵隠管長に任じた。同月佐伯定胤法相宗、十月阿部日正富士派、十二月蓮胤日幸本門法華宗、森田悟由曹洞宗、四十二年三月吉山日明本門宗、五月毒湛匝三妙心寺派、六月沢日遠法華宗、八月霧海古克南禅寺派、十月大橋海応相国寺派、四十三年五月近藤亮厳西山派管長に、七月密門宥範真言宗長者に任じた。八月旭日苗日蓮宗、九月広田慈教円覚寺派、十二月西有穆山曹洞宗、四十四年四月高城義海豊山派、五月勝川相善西山派管長に、六月不二門智光天台座主に、高津柏樹黄檗宗、七月岩堀智道豊山派管長に任じたのである。

第三節　明治天皇の洪大なる聖恩

明治維新の鴻業より四十五年間の御治世に、大日本帝国をして世界無比の長足なる文化発展を遂げ、国威を内外に宣揚せられた　明治天皇は、七月二十日御重患、三十日午前零時四十三分、遂に崩御あらせられ、六千万の国民は悲歎哀悼の中に日を過ごしたのである。熟々《つらつら》教界を顧みると、洪大なる聖恩を垂れさせられたるを思わずして、明治初年における廃仏毀釈の挙を、聖慮に出づるものであると推断するものがあったならば、それは全く恐懼すべき誤った忖度といわねばならないのである。勿論、明治天皇は聖武天皇及びその他仏教に帰依あらせられた天皇の如く、又は聖徳太子の仏教を宣揚し給いし如く、積極的事実はあらせられなかったが、廃仏毀釈というが如き迫害を、仏教に加え給うという聖旨は全然あり得ないことであった。いわゆる廃仏毀釈の如きは一部神道家、儒者、国学家の固陋なる思想と、寺院僧侶の堕落に対する制裁と、王政を神祇時代の範に則ろうとする復古思想との間に偶発した、反動的時勢に巻きこまれたのである。故に後に至って回想すると、これ等の行動は当時少壮政治家の、政教を混同した極端なる暴挙と見るべきものであることは、第一、二章において叙した通りで、断じて明治天皇の聖旨に出づるものでなかったことは、もとより言うまでもないのである。否、ただに然るのみではない。明治天皇が如何に陰に陽に、その御治世中仏教のため、優渥なる恩顧を垂れさせられたかということを想い起す時、実に感激の涙に咽ばざるを得ないのである。

先ず明治天皇が如何に仏教各宗の祖師先徳を追尊し給いしか、今から千六十有余年前、最澄に伝教、円仁に慈覚という大師号の宣下があってから、明治四十四年までの間に二十人の宗祖先徳（但し源空は一人にて六大師号）に二十五大師号の宣下があった。その中明治以前約千年の間、僅に十七に過ぎなかったのであるが、明治天皇の御治世一代に次の如く八大師号宣下があり、又臨済宗に三国師号、黄檗宗に一国師号、曹洞宗には八禅師号の宣下があり、明治十二年より十四年に至る間には、真宗東西両本願寺、専修寺、仏光寺、興正寺、錦織寺の六箇寺には見真二字、明治十五年黄檗宗万福寺に真空、明治三十五年曹洞宗永平寺に承陽の勅額を下賜せられ、明治二十二年一月以降天台宗十一、真言宗五、真宗六、浄土宗、臨済宗各一箇寺は門跡寺院の待遇を授くるに至り、明治四年九月二日太政官布告により、廃止を命ぜられた千余年間の歴史ある真言宗の後七日御修法《みすほう》も、雲照律師等の奏請によって復興せられた。それには真言宗管長三条西乗が歎願書を宮内卿徳大寺実則公に宛て提出し、明治十六年一月八日より東寺灌頂院で御修法を行うことになったという事実や、由緒ある寺院の修繕維持費に、宮内省よりの御下賜金あっただけでも、明治天皇の仏教に対する叡慮の程が、拝戴し得らるるのである。八大師号追謚宣下の年次は左の通りである。

見真（真宗宗祖　親鸞　明治九年十一月二十八日）

承陽（曹洞宗開祖　道元　同十二年十一月二十二日）

慧燈（真宗本願寺中興　蓮如　同十五年三月二十二日）
月輪（真言宗泉湧寺　俊芿《しゅんぎょう》　同十六年六月二十六日）
慈摂（天台宗真盛派　真盛　同十六年六月二十六日）
無相（臨済宗妙心寺　関山　同四十二年四月七日）
常済（曹洞宗総持寺　瑩山　同四十二年九月八日）
明照（浄土宗宗祖　源空　同四十四年二月二十七日）

又日露戦争当時、奉天府の黄寺の什宝であった満文、蒙文の二大蔵経が、当然兵燹《へいせん》に罹って焼失すべき運命にあることを特志家が憂慮し、当時従軍中の内藤虎次郎より、高楠順次郎にこれを告げ、高楠は更にこれを時の宮内大臣田中光顕に訴え、田中は国費多端の折柄、国幣を割くことの不可能であることを思い、畏くもこれを明治天皇に奏聞したのである。そして天皇は即座に御内帑金一万五千円を賜い、これを購入して永代貸附の名目を以て、東京帝国大学へ御下附になったのである。このために世界の稀宝を厄難から救うことが出来たばかりでない。仏教研究上絶大の利便を得ることとなった。かかる世に善く知れていない大御心が、仏教の上に加被せられていたということは、何という有難いことであろうか、その外古社寺の保存と云い、仏教に関する国宝の調査修理維持と云い、明治天皇の御代において、直接間接仏教の蒙った聖恩は実に洪大なるものであった。

第四節　諸宗派の梗概及び教勢

明治時代四十五年間の仏教は、かく非常なる波瀾重畳を経て来たが、その教団諸宗派の梗概本山派別等の大要並びに教勢一斑を次に叙する。

勿論この教勢一斑調査は各宗から内務省へ届出によったものであるから、その計算の標準は必ずしも正確ということは出来ないが、これによって明治末仏教の現勢を推測し得ることには誤りがないのである。

法相宗　奈良興福寺を本山とする。興福寺は東大寺、西大寺、薬師寺、唐招提寺、法隆寺、大安寺と共に南都七大寺の一で、藤原氏の檀那寺たるを以て、同氏に関する遺物等少くない。

華厳宗　奈良東大寺を本山とする。東大寺は大仏を以て名高く、天平時代の御物を蔵せる宝庫正倉院も、当寺の境内に奉建せられてある。

天台宗　総本山は叡山延暦寺で、安楽律院、空也堂、極楽院、修験寺院、地神盲僧寺院を支部とし、次の真盛派、寺門派に対し、単称天台宗を山門派という。寺門派は近江国別所村園城寺を本山とし、真盛派は同阪本村西教寺を本山とする。

真言宗　大に分かつと古義新義の二派となり、更に九派となれることは、別に教勢表の通りであるが、共に京都教王護国寺、即ち東寺を総本山とする。但しその内真言律宗は大和国伏久村西大寺を事務所とし、単称の律宗と共に別立している。

融通念仏宗　摂津国平野大念仏寺を総本山とし、その下に四箇の中本山がある。

浄土宗　京都知恩院を総本山とし、外に増上寺、清浄華院、知恩寺、金戒光明寺の四大本山があり、浄土宗西山派は京都下京誓願寺の外に三本山がある。

禅　宗　我が邦現今仏教中真宗に亜いで盛んに、寺院最も多く、大に分かって臨済、曹洞、黄檗となす。臨済宗は更に十派に分れている。

天龍寺派は山城国天龍村天龍寺、相国寺派は京都上京相国寺、建仁寺派は同下京建仁寺、南禅寺派は山城国南禅寺村の南禅寺、妙心寺派は同花園村妙心寺、建長寺派は相模国鎌倉建長寺。東福寺派は京都下京東福寺、大徳寺派は山城国大宮村大徳、円覚寺派は相模国鎌倉円覚寺、永源寺派は近江国高野村永源寺を各本山とする。

曹洞宗は越前国志比谷の永平寺、能登国櫛比村の総持寺を両本山とし、内に寂円派、寒巌派、瑩山派の三大派があり、瑩山派の下に更に大源派、通幻派、無端派、大徹派、実峰派の五派を分つが、従来一宗にして分派の称がない。（明治三十一年四月十三日総持寺焼失、四十一年十一月神奈川県鶴見に伽藍造営起工、大正二年十二月仏殿立柱式を挙げた）。黄檗宗は山城国宇治万福寺を本山とする。

真　宗　十派ある。これを合すればその末寺信者の多きこと禅宗と相伯仲している。

本願寺派は京都西六条堀川本願寺、大谷派は京都東六条烏丸の本願寺、専修寺派は又高田派とも称し伊勢一身田専修寺、錦織寺派は又木辺《きべ》派とも称し、宗祖の代に天台より転宗したる後で、近江中里村錦織寺を本山とする。興正寺派は文明中仏光寺の経豪なるもの、本願寺八代中興蓮如に帰化し、かつて本願寺に従属したが、明治九年別立したる一派で、京都堀川興正寺を、仏光寺派は親鸞の弟子真仏の後で、京都五条坊門の仏光寺、出雲路派は従来京都出雲路にあったのでこの派名があり、親鸞の子善鸞の住した後で、現今越前清水村毫摂寺、山元《やまもと》派は越前横越村証誠寺、誠照寺派は越前鯖江町誠照寺、三門徒派は越前福井市の専照寺を各本山とする。

日蓮宗　又法華宗とも称し、その教義本門と迹門との判釈あるより、本迹一致双用の説に拠るものを他より一致派と称し、又本勝迹劣の説を執るものを、他より勝劣派というのである。一致派分れて単称の日蓮宗と不受不施派となり、不受不施派又分れて講門派を出した。勝劣派も又分れて興門派（本門宗）、妙満寺派（顕本法華宗）、本成寺派（法華宗）、八品派（本門法華宗）、本隆寺派（本妙法華宗）となり、外に富士派と称するもの興門派より分れ、総て九派となった。即ち単称の日蓮宗は甲斐身延山久遠寺を総本山とし、顕本法華宗は京都二条寺町妙満寺、本門宗は駿河国富士大石寺を各本山とする。本門法華宗は京都本能寺、妙蓮寺等五箇の本山がある。法華宗は越後国蒲原郡本成寺、本妙法華宗は京都本隆寺を各本山とし、不受不施派は備前金川村妙覚寺を事務所とし、不受不施講門派は備前金川村龍華院を宗務局としこの二流は別に末寺がない。

時　宗　相模国藤沢清浄光寺を本山とする。

仏教諸宗派教勢（内務省明治三十七年調査による）

宗派	寺院	住職 男	住職 女	管長事務所及び支所	檀徒 男	檀徒 女	信徒 男	信徒 女	学校	現在生徒
天台宗										
天台宗	三六一四	二一三四	二〇	三三	四二万四九五四	四〇万六五二八	六二万一九七九	二八万一五一〇	四	二六六
寺門派	五七二	三五三	一	三五	七四一八	四六四五	一二万八二六〇	三万三二八五	〇	〇
真盛派	四一四	三〇二	二〇	九	三万七二四九	三万六八一一	一万〇二七八	一万〇五〇一	一	四三
真言宗										
真言宗	一万二八五三	七五七三	三九	四二	三万七五〇〇	三万二四四四	五万三六四六	六万四〇八八	〇	〇
御室派	—	—		一	五九万七八九〇	三九万六八七六	一四九万五二八〇	九九万八八四九	〇	〇

宗派	寺院	住職 男	住職 女	管長事務所及び支所	檀徒 男	檀徒 女	信徒 男	信徒 女	学校	現在生徒 男	現在生徒 女
高野派	|	|		二	一六万六七〇〇	三〇〇七	四八五万八一八八	八万三四五七	四	三二〇	
大覚寺派	|	|		一	二四万四六九一	六万九〇六二	一一四万六九六一	六三万二二八三	〇	〇	
醍醐派	|	|		一〇一	三万六二四二	三万五六三〇	一五万二六八〇	一四万九四六七	一	二五	
新義真言智山派	|	|		六一	五二万九二九一	未詳	一五二万八七四六	未詳	二	八二	
同豊山派	|	|		一三〇	六二万一〇六三	五四万四〇八七	未詳	未詳	三	一二四	
真言律宗	七七	三四	二	四	二〇一一	未詳	五四六七	未詳	一	未詳	
律宗	|	|		一	一四二一	一四五〇	三五	未詳	一	六	
浄土宗 宗派 浄土宗	七二一五	五〇二〇	一四〇	一七四	一三万七九二七	一〇九万七八八五	二一万〇九九六	二三万四七二一	一一	一〇一〇	七二
西山派	一〇八八	九三九	三三	二	一七万五七五七	一七万四四一九	三万四一五〇	三万四一九三	一四	三六二	
臨済宗 宗派 天龍寺派	一六二	一一二	八	九	二万一三二四	二万〇八八〇	五四三三	五〇七五	〇	二	

宗派	寺院	住職 男	住職 女	管長事務所及び支所	檀徒 男	檀徒 女	信徒 男	信徒 女	学校	現在生徒
相国寺派	一二八	八一	九	七	一万三三九三	一万四〇八二	七九三一	五五三九	〇	五
建仁寺派	七六	六一	ナシ	六	七一〇一	七三四二	七八七七	八〇八四	〇	四
南禅寺派	七一八	四四一	七	二	一〇万六二七八	一〇万七三八〇	一万七一七三	一万八一七四	〇	一八
妙心寺派	三六二五	二四九七	一九四	二八	五二万七二七八	五三万五二五二	一二万六〇四五	一一万七五一七	六	二四三
建長寺派	四六九	二九三	三	二一	六万五七三九	六万七四二八	一万一三五一	八八九一	二	一九一
東福寺派	三七六	二六六	六	二四	五万六八三三	五万五三四二	七七二七	五六〇五	〇	〇
大徳寺派	二一一	一五三	一三	一一	二万五〇五九	二万五二四四	五六九八	三二四九	一	六
円覚寺派	二〇九	一四九	一	一一	一万五七七三	一万五一一四	二七〇五	二三五三	〇	〇
永源寺派	一四九	一〇八	七	二	一万九一六七	一万七七三三	一万八五六四	一万六六六六	〇	四
曹洞宗										
曹洞宗	一万三七〇八	九九五二	五四〇	一	三七三万八一八三	一六一万一三六〇	二九九万〇七九六	一二八万五六五二	六	六一六
黄檗宗										

宗派	寺院	住職 男	住職 女	管長事務所及び支所	檀徒 男	檀徒 女	信徒 男	信徒 女	学校	現在生徒
黄檗宗	五五六	三三〇	一四	三五	五三一二	四九三一	九一六五	八四四八	一	一八
真宗										
本願寺派	九八八〇	八三〇三	ナシ	三一	三五一万五一七〇	三三八万三〇六七	二万二一四五	二万〇四〇〇	七	一四九三
大谷派	八三四二	七一七一	ナシ	三五	二八六万三五九七	二二八万二二〇三	七四四〇	五三七〇	五	一〇二五
高田派	六三一	五七七	ナシ	三	一二万三一九六	一一万八九〇四	二万三三二二	二万三五七八	一	一一〇
興正寺派	二五九	二一二	ナシ	一	一一万五五二八	九万二八四六	四三七七	四七六〇	一	二五
仏光寺派	三四二	二五三	一	一	四万四五五六	四万四四四三	一八七九	一九六四	一	一四
木辺派	五五	三八	ナシ	二	三四六一	二八七八	八六三二	九五二二	〇	三
出雲路派	四三	三六	ナシ	二	五九七三	六〇三〇	四〇五〇	三九五〇	〇	〇
山元派	一一	一一	ナシ	二	一五五〇	一五〇〇	未詳	未詳	〇	四
誠照寺派	四四	四〇	ナシ	二	一万五二〇四	一万四八九六	二二七四	二三二六	〇	〇
三門徒派	三二	二四	ナシ	二	一万一〇一〇	一万〇八一五	七万七五五〇	八万二〇四〇	〇	〇

日蓮宗

宗派	寺院	住職 男	住職 女	管長事務所及び支所	檀徒 男	檀徒 女	信徒 男	信徒 女	学校	現在生徒
日蓮宗	三六八五	二九六五	一七	五六	三九万七〇九三	三六万三一一一	五九万六二七七	四八万八八二七	二五	六五五
富士派	八七	四七	ナシ	一	一万五〇六五	一万四八九八	一万四三六九	一万四〇五〇	〇	〇
顕本法華宗	五六六	三三七	一	二〇	七万二七八六	七万一九六九	六六〇二	四八二五	一	二五
本門宗	二八六	一四五	ナシ	一	五万六八四〇	五万三四六七	八五〇一	九七四二	二	七九
本門法華宗	三一六	二二六	八	一	六万八四八七	六万六三五八	一万七五一四	一万七五〇五	二	一五六
法華宗	一七五	一四七	ナシ	二	二万八八六三	三万〇二二五	二八三一	三〇九九	一	一八九
本妙法華宗	八七	七五	ナシ	二	九二七六	九七七六	八四三	三六七	一	五九
不受不施派	二	二	ナシ	二	一万二七二七	一万二七八七	未詳	未詳	〇	〇
不受不施講門派	一	一	〔女 記載ナシ〕	一	一五七九	一二七六	一一五二	一〇七〇	一	八

融通念仏宗

宗派	寺院	住職 男	住職 女	管長事務所及び支所	檀徒 男	檀徒 女	信徒 男	信徒 女	学校	現在生徒
融通念仏宗	三四二	二〇〇	五	一	五万〇二三四	六万九九九五	未詳	未詳	〇	〇

宗派	寺院	住職	管長事務所及び支所	檀徒	信徒	学校	現在生徒
時宗 時宗	五一五	男 三八〇 女 ナシ	二七	男 八万二六八二 女 七万八五二三	男 二万六〇五〇 女 四万一七〇五	二	四六
法相宗 法相宗	四三	男 一八 女 一	一	男 四〇 女 一五	男 一六七〇 女 二五〇	一	四五
華厳宗 華厳宗	三九	男 一二 女 一	二	男 一〇〇 女 八〇	男 一万三七五〇 女 五二八〇	一	一二
合計	七万二〇〇二	男 五万三〇一八 女 一〇九二	九五一	男女合計 二八一三万一六五五	男女合計 一九〇三万六五七五	一一〇	男 七二九三 女 七二

注意（一）真言宗の内寺院住職欄に真言律宗を除きたる他の各派は各派別の調査なく単に真言宗として掲載した。（二）寺院の外説教所と称するもの、各派通じて千六百六十四箇所あり。講社と称するもの千七百九十七、教会と称するもの三千百四十二という数であった。

明治仏教史の問題（抄）

辻善之助著

第一題　神仏分離と廃仏毀釈

一　神仏分離の発端

明治の仏教史は先ず神仏分離廃仏毀釈より始まる。廃仏毀釈は神仏分離に伴うて起った現象である。神仏分離は、千有余年行われ来たった神仏習合の状態より脱して、神と仏とを判然別離せしむる為め、法令を以て之が施行を命じたことをいうのである。

そもそも仏教が我が国に渡来してより後、暫くの間は、我が国固有の神祇思想と衝突して、その為めに種々の紛争を惹き起したのであるが、その後、時を経るに従って、漸くその調和が成り、両者全く相混合し、ついには神仏同体本地垂迹の思想が民衆一般に深くしみこみ、広く行き亙るようになった。その神仏同体の思想は、奈良時代においてその端を発し、藤原時代において大いに成熟し、鎌倉時代においては、学説としての組織をも見るようになった。爾来、室町江戸時代を通じて、この思想は永く行われ、民間信仰を支配し、神前に南無阿弥陀仏をとなえ、大般若経を読むなどのことは、到る所に行われたのであった。然るに明治初年に、神仏分離の令が一たび出でてより、千有余年、民庶の信仰を支配したる神即仏という思想の形式は、一朝にして破壊せられ、これについで廃仏毀釈が盛んに行われ、歴史に富み由緒の深き神社仏閣が、この破壊的蛮風に荒らされたるものが少くないのである。

王政復古は神武の昔に復すというを以て理想として居た。これは岩倉具視の顧問となって居た玉松操等の考えであって、その持論は維新の政が建武中興に則るなどというようではだめである。太古に溯って神武の御創業を法とすべしというにあった。即ち天皇を中心として公卿これを補佐し、大名武士等はこれに属すべしというのであった。既に神武の昔にかえすを以て理想とするが故に、自ら神道の復古を考えざるべからざるに至った。ここにおいて神祇官の再興となり、神仏分離の計画が起さるるに至ったのである。

明治元年三月十三日の布告を以て、この度王政復古神武創業の始に基かせられ、祭政一致の制度に回復遊ばされるについて、先ず第一に神祇官再興あらせらるべき旨仰せ出された。依って、この旨五畿七道諸国に布告し、普く天下の諸神社神主禰宜神部に至るまで、神祇官附属に仰せ渡さるというのであった。同月十七日を以て、神祇事務局より、諸社への達を以て、今般王政復古、旧弊御一洗在らせらるるにつき、諸国大小の神社において、僧形にて別当或は社僧などと唱うる輩は、復飾仰せ出された。もし復飾の儀、余儀なく差し支うるものは、申し出づべしと命じた。

ついで同月二十八日、太政官の布告が出た。その文は、

中古以来某権現或ハ牛頭天王之類、其外仏語ヲ以テ、神号ニ相称候神社不レ少候、何レモ其神社之由緒委細ニ書付、早々可二申出一候事、（但書略ス）

一、仏像ヲ以テ神体ト致候神社ハ、以来相改可レ申候事、

附本地抔《など》ト唱ヘ、仏像ヲ社前ニ掛、或ハ鰐口梵鐘仏具之類差置候分ハ、早々取除キ可レ申事、

というのであった。

この三月十七日・二十八日の二つの令が、いわゆる神仏分離の発端となったのである（本節の拠る所の史料はすべて明治維新神仏分離史料に収載す。今一々註せず）。

二　神仏分離廃仏毀釈の実況

以下神仏分離に伴う廃仏毀釈の実例若干を掲げる。

（1）叡山坂本の日吉《ひえ》山王社における分離についての暴挙は、殊に有名なるものである。分離令の出るや、神官樹下茂国は時こそ来たれ、今や年来の宿憤を晴らすべき時機到来せりと、雀躍して

立ち上った。四月朔日、樹下茂国及び生源寺等の社司より、延暦寺執行代に対し、七社神殿の鍵の引渡しを申し込んだ。執行代は、これを一山の大衆に報じたので、一山衆徒の大会議となり、衆議沸騰して、血気にはやる僧徒等は、みな殺気を帯ぶるに至った。執行代はこの実情を座主宮に言上し、その指揮を仰ぎ、双方問答往復数回に及び、容易に解決するに至らなかった。ここに社司側はもはや猶予ならず、この上は武力を以て決行せんとて、樹下茂国は生源寺社司及び部下の祝部に、同志の壮士三四十名並びに坂本村の人夫数十名を加えて一隊となし、槍棒などの兵器を携えて、山王七社の神域内に乱入し、直に神殿に昇り、殿扉の錠を捻じあけて、殿内に入り、神体なる仏像及び僧像始め経巻法器等いやしくも仏臭い物件はことごとくこれを階下に投げ捨てた。その取り除いた数多の仏像法器は、これを二宮社前に集積し、土足をもて蹴り、或は槍の石突や棒もて突き砕くなど、乱暴狼藉を働いた後、終に火を放って焼き棄てたのであった。当時七社に渉って神体たる仏像及び経巻法具等の破毀焼棄せられた点数は百二十四点、その中に大般若経六百巻、法華経八巻等が一点に計算せられてあるから、これを個数にすれば数百点になる。なおその他に金属品で社人等が各自に持ち去った物が四十八点ある。

（2）石清水においては、維新の際、社僧は皆復飾して、俗名に改め、急に妻帯することとなった。然るに、山上の諸坊は撤廃せられ、住宅もなく、諸大名の祈禱料は廃絶したから、日々の生活も支えられなくなり、大いに窮迫するに至った。そこで一同が協議して、本社の仏教関係の堂舎器具等を処置することとし、大坂の古物商人等を呼んで売り払いの入札をせしめた。堂塔仏具の内、宋板一切経が八百五十両で江州町人何某の手にわたり、鐘楼堂にあった鐘二面、大の方が百八十両、小の方が八十五両で落札し、この鐘は外国に売り払われ、兵庫より船に積み込んだ所、途中で難船して、海中に沈没した。当時の記録にはこれを以て「実に不思議之有様也」と神罰の覿面なるを恐れて居る。売り払い代金は凡そ千両で、その内百両は非常用として備え置き、残りの九百両を以て、社人の疲弊を救わん為め、無利子で返納期限を定めず貸すこととし、社務以下社士以上は家別平均に十両ずつ、以下それぞれその職によりて差があった。内陣の図像堂舎器具も同じく入札に付したのであるが、そのいよいよ入札の時に臨んで、立合の社司の内林杢右衛門という者の家より、あわただしく呼びに来たり、本人退席して帰宅して見れば、実父が急病で吐血して終に死亡した。これ全く神罰によるものであると、一同大いに恐縮し、商人等もこれは入札に致すべき品でないと、恐れをなして、入札は終に中止となった。

（3）信濃諏訪神社においては、慶応四年六月十五日、神祇官の役人出張し、十九日に上諏訪宮の諸堂取り払いを始め、不動堂・大般若堂・経堂・薬師堂・五重塔・普賢堂・護摩堂等の破壊に取りかかった。昼前の内はその作業に取りかかったが、弁当にいってから皆来なくなり、人足共が縄をもって来た所、百姓等からこれに手をつけたらば打ち殺すといわれ、皆々逃げ去り、人足一人もなくなった。下諏訪においても同様であった。遂に社人等が人夫を促して破壊し、人夫は冥罰を恐れながら勇気を出して壊した。その状は凄惨を極めたという。諸堂を破壊し了るまではよほど年月がかかり、明治二三年頃、尚半ば破壊のまま朽廃に委せられてあったという。

（4）日光においては、明治元年三月、神仏分離の令が出たので、護光院彦坂諶厚が一山の総代として上京し、社寺裁判所について、日光山の神仏分離すべからざる所以を訴えた。嘆願の主旨は容れられなかったが、これが為めに実行は遅延した。四年正月になり、いよいよ分離実行の官命が下った。僧侶の神勤は廃せられ、東照宮と二荒山とは、全く輪王寺より独立した。而して僧侶には御門主宮の旧殿を賜い、一山の僧侶八十余名、すべてここに合併住居せしめ、各院区々の寺号を廃し、ただ一つ満願寺を称せしめ、当分現米百石を下賜せられた。東照宮並びに二荒山境内の仏堂は、総て満願寺へ引き取りを命ぜられたが、三年の延期を請願して許された。七年になって、いよいよ堂塔移転の計画が立てられたが、これには日光町民が猛烈に反対し、吾等は山内の殿宇に頼りて繁栄を致す者である。今これを毀たば、衰頽を招くこと必然であるとて、多数の町民が満願寺に押しよせ、談判に及び、彦坂諶厚は町民と県庁との間に立って大いに苦心した。その頃町民より出した願書の中に、「御宮中の諸堂ハ、海外万国迄も光輝之御場所柄、壱ヶ所たり共取崩シ相成候テハ、無㆓遠近㆒一般に相響、当所衰微之基江《（ママ）》眼前之至リ御座候間、前顕之諸堂、従前之通御据置相成候様、只管奉㆓歎願㆒候」とある。その頃に東照宮宮司よりも栃木県令への伺いに、本地堂、護摩堂、輪蔵相輪樘は満願寺へ引き移し、五電塔、鐘楼、鼓楼、朝鮮鐘はそのまま据え置きたいと、満願寺より願い出て居るそうであるが、既に御一新の砌《みぎり》、神仏混淆相ならずというを以て、仏体は満願寺へ引き移したことでもあり、且つ近頃芝の増上寺本堂を以て、大教院と定められ、四柱の大神を安座し、神官僧侶協議して、七宗の祖師画像掛軸等を許された例もあることとなれば、かたがた本地堂以下も、これ迄の通り据え置かれたい、これを満願寺へ引き移しては、当市中は勿論今市麻沼宇都宮辺迄も人気に拘わり、騒《ぞめ》き立つべきにより左様願いたいと申し出たことがある。八年三月に至り、遂に相輪樑を移転し、九年には三仏堂の移転に着手した。この年六月、明治天皇東北御巡幸あらせらるるに際し、満願寺は行在所と定められた。この時木戸孝允は、三仏堂の破壊せらるるを実見して、その徒らに旧物古蹟を破壊するを歎じた。たまたま日光町民の来たりて歎願するにあい、その保存の為めに大いに尽力せんことを期した。即ち六月九日を以て、京都府権知事槇村正直に送った書中にも、「今日ハ日光ヨリ供奉イタシ候而、宇都宮へ宿泊イタシ申候、日光モ従前之談ヲ承リ見候得ハ、堂宇等モ追々破壊候由ニ御座候得共、東照宮其(外カ)方之建物、殊之外壮観、所詮今後容易ニ可二出来一モノニ有レ之間敷、当時想像候ヘバ、幕威之盛ナル思ヒ遣ラレ申候、然ルニ可二歎息一ハ、西京ナド、反対ニ、神祇官一時暴論之余波、却県庁ナドニモ残リ居候歟、神仏混淆ハ出来ヌト歟何ト歟申処ヨリ、広大ナル有名之堂宇ヲコボチ掛、為レ其人民ナドノ歎願モ不二一形一、于レ時イカナル間違歟、内務卿モ県庁同様示令イタシ置、実ニ人民之申出候辺モ、至極之事ニ而、日光之一景色ヲ失シ、自然土地之不繁昌ニモ相成、且一ツニハ如此モノコソ、後代之歴史ニ関シ候而モ、保存イタシ置度モノト、頻ニ残念ニゾンジ、工夫イタシ居申候」とあり、また時の内務大丞品川弥二郎に書を送りて、日光堂宇の破壊によって、我が国の美観の滅亡せんことを惜しみ、これが保存の要を説いた。その書簡が、今日光宝物館に保存せられてある。その文に、「于レ時、頃日、日光へ登山之処、東照宮之壮観、実に意外に而、当時幕威之盛なるも思ひ遣られ申候、神祇官之暴論に而、段々堂宇等もこほち候由、此頃も三仏堂と申す第一之大堂をこわし掛け居申候、是は教部省之大分周旋と甚遺憾存居候、人民ども丶頻に歎訴いたし居申候、どうぞ周旋に而、日本の景色中之一に保存いたさせ度と相考居申候、乍レ去大久（大久保利通）もいたし方なき論と、示令いたし置候由に付、一難柄に御座候、日本人之開化と申ものは、始終如レ斯平仄につき、浩歎の至に御座候、」とある。この後、二十六日、弥二郎は、木戸の書に接し、濫りに神社仏閣を破壊するを憂え、直にこれに復書して、その意見を陳述した。その書中に、「日光ハ実ニ壮現（観）ナル堂宇ナルヨシ、追々伝承、西洋在留中ニモ、彼地ニ遊行セシ人々之賞歎談ヲ承リ候、然ルニ中堂トカヲ破損スル説モ有レ之候ヨシ、実ニ歎息ニ堪エザル次第ナリ、日本ニ今日在存（ママ）スル神社仏閣ハ、即チ日本ノ花ナリ、コノ花モ風雨ノ為メニ散ルハ致シ方ナキ事ナレ共、例ノ武士刀ヲ提ゲテ、墨地（陀カ）ノ桜同様ニ、堂宇花ヲ切リ倒スハ、イカニモ遺憾ニ堪エザル次第ナリ、別而陸奥ナドニテ、昔日ノ如キ堂宇ヲ建立スルハ、今日之形勢ニテ出来ル事ニテハ無レ之、何卒官ニテ手ノ届カヌ所ハ、其地之住民ニ任セ、ソレモ出来ヌトキハ、ツマリ建朽リニシテヨロシ、風呂屋ノ灰ニスルヨリ増ナリ、コレ等ノ事ハ、野児ノ喋々スルモ恐入候得共、乍ニ此上ニ御気ヲ付ラレ候様、懇願ニ堪エ不レ申候」とある。かくて、木戸は、帰京の後、この堂宇の保存に斡旋尽力し、朝議遂にその破壊を停めて、これを満願寺に移すに決し、八月十日、栃木県令を召し、御手許金三千円を賜り、三仏堂移転旧観を失わざるようにとの恩命を蒙った。木戸の日記、七月三十日の条に、「先達テ供奉中、日光山々(三)仏堂ヲコボチ、満願寺へ移シ、縮小シテ建築云々ニ付、土地ノ人民云々苦情アリ、又如レ此堂宇ヲ容易破壊候モ、残念ナル事ト考へ、種々尽力イタシ、漸其儘満願寺へ移スニ決セリ」とある。同八月十日の条に、「八字、長三洲ヲ訪ヒ、直ニ宮内へ参向、日光山三仏堂旧観ノマ、ヲ不レ変転移云々ニ付、去々月来尽力、漸御手許金ヲ玉ハルニ決シ、今日栃木県令鍋島ヲ呼出シ、御書付及金三千円ヲ渡セリ」とある。かくて三仏堂移転は、十二年七月に落成したが、その土地は変ったにも拘らず、その輪奐は旧に変らざるのみならず、却って一層の美観を添えたのは、全く木戸の御蔭によるものである。十二年に、宮司より内務卿伊藤博文へ宛て、現今存在の建物は、去る九年に辱くも天覧を経たるものにあり、殊に外国貴賓も遊覧ある所なれば、旧観を失わざる様、永遠に保存したしと伺いを出した。十三年になり、堂塔移転の事について、社寺の間に種々協議があり、その結果東照宮の境内薬師堂即ち本地堂・輪蔵・五重塔等、二荒山境内の立木観音堂・妙見堂・阿弥陀堂・千手堂等はそのまま仏寺としての諸種行事の執行を許されることとなり、それぞれ本尊仏の遷座があった。この年に、宮司松平容保より、別格官幣社東照宮の勅額下賜を願い出たによって、奏聞したるに、右は往時後陽成天皇後水尾天皇より下賜せられたる東照大権現の勅額を従前通り掲ぐべき旨の御沙汰があった。かようにして、勅額までが旧の権現号をそのままに、一度撤廃して収納してあったものを取り出して掲げらるることとなったは皮肉である。この頃には、朝廷一般に神仏分離に対する考えもよほどおちついた様子が窺われるのである。かくの如くにして、日光東照宮は、両部建築の残存せるほとんど唯一の例となったのである。外の社では、ただ図のみにて見るを得るものはあるが、実物建築の立派に残って見られるのは、先ずこれ一つと申してよろしいと思われる。

（5）寛永寺においても、神社関係建築物は撤去せられた。即明治三年三月十五日に、東京府から一山の神社関係の建築物を、寛永寺に下附せられ、神仏分離の主意により、至急に撤去すべきことを命ぜられたので一山協議して撤去することとした。当時山王大権現社は、半壊の形状で、残存していたが、装飾の金物等は、ことごとく剥ぎ取られて、ほとんど一片も留められていなかった。すなわち本社拝殿等を破壊した。同時に一山の神社関係の建築物を撤去した。穴稲荷、新門稲荷、隠殿境内稲荷等がそれである。これ等は何れも皆小さい建築物であった。同月十八日に、山王大権現社等の建築物を、入札に依って売り払うこととし、売上高金八百円ばかりを、三十五坊に分配し、各二十余円を受け取り、各住持が不意の収入に喜んだと云うことである。徳川家では、一時東照大権現社をはじめ、霊屋等を破壊撤却せんとしたとも伝えられる。現に霊屋数棟を破壊して、売り払ったのである。即ち明治三年十月に、長昌院霊屋は七千六百五十六両、お七方霊屋は、一万四千七百六十両一歩で、西洋人スネルと云う者に売却し、その他附属の器具装飾等を諸商人に売却した。明治四年二月、凌雲院前大僧正範海が、東京府に請願して、東照大権現社を、安国院殿と改称し、仏教の儀式に依って保存せんとしたが、東京府は、この請願を許可しなかった。越えて同六年八月二日に東京府から府社としたので、同月七日本社にある仏教関係の器具装飾を撤去し、徳川家霊屋掛が全部引き継ぐこととなって落着した。不忍弁天堂も危く神社として破壊せられんとした。即ち明治元年十一月に、寛永寺の附属である不忍池の生池院弁財天堂は仏寺に属すべきものでなく、神社に属すべきものであると云い、大総督府から破壊しようとせられた。当時山内の養寿院行海が生池院詰であって、大いに説明に努めたが、鳥居のあるのが、神社であることを証明していると云うことで、聴き入れられなかった。かくて数年の間決せられず、行海は百方苦心し、自ら金光明経を持参して説明し、遂に鳥居を撤去することとなって、弁財天堂は破壊せられずに済んだ。

（6）羽前羽黒　明治の初め神仏分離の朝旨が厳達せられた時に、羽黒権現は東叡山寛永寺の末寺であるによって、何事も本寺の命令を待って決断すべきであるが、当時寛永寺は、騒乱のどん底にあったので、その命令を請うよしもなかった。同三年に酒田の民政局は、羽黒権現を改めて出羽神社となし、別当寂光寺宝前院以下に復飾を厳命した。すなわち俗名を羽黒宝前といい、改めて出羽神社宮司に任ぜられた。修験の十八坊も皆復飾せねばならぬが、彼等は協議して、十八坊の内三坊だけを旧の如く保存し、残り十五坊の仏像仏具を三坊に移転安置することとした。すなわち十五坊は廃毀し、住持は一回復飾して、神社に出仕することとなった。然し表面はかくの如くであったが、内実は矢張り旧来の風儀に任せた。羽黒宝前を首《はじ》め、神社に出仕する時は、神職の服装を著けたれども、平常は僧侶の服装を脱しなかった。十八坊の住持も、同様であった。羽黒権現は出羽神社となり、一切神社の儀式に依って、祭祀せねばならぬこととなったけれども、それは容易に実行せられなかった。神饌に鳥魚を供うべきことを厳達せられたが、羽黒宝前を首《はじ》め大いにこれを憚った。従来は魚鳥等を不浄となし、厳重に禁制したものであったから、権現の霊威を恐怖し、何人《なんびと》もこれを供えんとする者がなかった。然し朝旨には遠背せられないとあって、紙子の鳥木の魚を作って供えたということである。明治五年二月七日、宝前が歿し、翌六年九月に宮司西川須賀雄が赴任してから、英断を以て仏寺仏堂の処置をなし、数々乱暴の所行に及んだ。即ち炎魔の大石像が、普賢堂の辺に安置せられてあったが、西川は祝詞を読み聞かせて後板囲することとした。けれども何《なん》人《びと》も同意しなかったので、西川は石工等を呼び、破壊せしめようとした。石工等は炎魔王の威霊ありと云い、恐怖して手を下さなかった。西川も大いに困り、後にひそかに他所に運搬したと伝えられている。羽黒山から月山へ登る山路の両傍に、夥多の石地蔵像が安置してあったのを、西川は人足に命じ、ことごとく渓谷に突き落さしめた。旧十八坊の復飾神職に就いた者等は、殊に圧迫せられた。西川が酒宴の席で、彼等の或る者が、魚鳥の食味を嫌悪するを怒り、腕力で打ち伏せて、口中に突き込んだことがあった、という。

（7）讃岐金毘羅は、象頭山金毘羅大権現と称し、別当を松尾寺といぅ。明治元年三月、権現号の神社に仏語を用い、又仏体を拝すべからずと令せられ、四月神仏混淆を止めらるるや、松尾寺々中、金光院法命有常は、閏四月上京して、金毘羅権現は、本邦の神祇にあらず、全くインド仏法の経典上に現るる所の神で、仏教専属の神なりと上申した。然るに神祇官においては、勿論これを拒絶し、且つその間種々の事情があったものの如く、金光院有常は、終にその主張を改めて、前の上申とは全く反対の主意を以て願書を差し出した。その主意は、金毘羅大権現というは、実は本朝大国主尊と申し伝えて居る、旧記等は昔火災にかかって無くなったけれども、口碑の伝もある、ついては、梵語の神号並びに権現号を廃止し、象頭山の古名を琴平山と改め、神号は勅裁を蒙りたい、一山僧徒復飾のことは、謹み畏り奉るというのであった。ついで、金光院は、御用献金一万両を命ぜられ、六月に至りて、帰俗改名して、琴陵有常と称し、松尾寺の殿堂をことごとく社殿に改め、古来金毘羅と称したのは、天竺の金毘羅に附会したものだと届け出た。かくて神号は琴平大神と改め、また献金の功によって、自ら大宮司に任ぜられたしと願い出た。これに対して松尾寺々中普門院宥暁は、金光院宥常入京の際にも、同行して論争する所あり、右の宥常の処置に対して、抗議を出し、当山は開山大行者以来千有余年法灯伝持の伽藍地で、宇佐・石清水などの社僧地とは相違して居る。今般仰せ出された神仏判然の御趣意というも、一般仏寺を変えるべしとの趣意ではない。その根元が神社で、中比社僧地になったものを一新せらるるの趣意であろうと思われるから、当山の如き仏地を改める必要はない、大物主命を金毘羅に配するなどという口碑は、一山未曽有の事である云々と弁じたけれども、採用せらるべくもなかった。かくて別当金光院は、住職宥常の還俗と共に廃滅し、その他の各院も追々琴平宮に兼併せられて、普門院のみ松尾寺の名において存続して居る。琴平宮においては、今も御守札には従前の金毘羅に類似する様に、琴平を金刀比羅と書き、丸に金の字の印も以前の如くにして授けて居る。これは年々参拝する者がこの印なくしては受けないから、かくの如くするのであるということである。

（8）伯耆大山には、古くより大智明権現と称して地蔵菩薩を祭り、少くとも千余年来仏地として知られ、盛んなる時には、僧兵三千人を擁し、一山の僧坊百余に及び、江戸時代にも、三院四十二坊あったが、明治二年鳥取藩の神社取調掛小谷融といえるものの建白により、この地の祭神を大山祇命と定め、大山寺の称号はこれを除かるることとなった。これに対して、大山寺から一度抗議を出して、「元来彼大神山神社旧跡ハ、日野郡丸山村大神谷ノ踪迹于レ今現然ス、復古ノ御趣意ニ候ハヽ、乍レ恐神社ハ該地ニ在テ可レ然、大山々上ニ関係無レ之義ト奉存候条、彼此ノ実地御調査ノ上、相違無二御座一候ハヽ、神社ハ彼ノ地ヘ御移転被二成下一、当山上ハ悉皆千余年ノ本ニ復シ、永仏地ニ御決定可レ被二仰付一候、乍レ去一旦御設立ニ相成候儀ニ付、神社御遷之儀難二相成一候ハヽ、智明権現・地蔵菩薩ヲ合併セシ大日堂、並子坊共、神社ト経界ヲ区別シ、同所ニ於テ其ノ儘大山寺永存可レ被二仰付一候、抑皇国二千年ノ古ヲ論スレバ、尺寸ノ地モ神国神地ニ非ル無シト雖、仏法渡来ノ後ハ、神地ヲ以、新ニ仏地ノ経界ヲ定、神仏両存ハ全国一般ノ公論ニテ、既ニ他村ニ於テ、社寺双立ノ箇所不レ尠、当村ニ限、仏法廃絶セザレバ御政体ニ牴牾ノ廉モ有レ之間敷候、然処、大山寺改革以来、御達ニ依、従前貯蓄ノ米金并所有ノ器物ニ至迄、悉皆神官ヘ引渡、其ノ上遠隔ノ地ヘ移転被二仰付一候テハ、其ノ処ヲ失ノミナラズ、忽路頭ニ迷、飢渇ニ及、誠以此上モ無困難ニ立到候訳柄、銘々共、同是皇国ノ人民、千百余年相続ノ住居モ難レ成、仏堂子坊滅却ノ身分ト相成、進退維谷、血涙難レ止奉レ存候」云々と歎訴に及んだけれども、もとより採用せらるべくもなかった。かくて大智明権現の社殿以下を挙げて、三里余も隔絶せる大神山神社に明け渡し、神仏何れに属するか詳かならざるものは、これを破砕し、その他仏体仏具及び別当西楽院建物什器は、ことごとく僧徒の処分に任せたので、一時は大山物という名は、骨董屋の間に有名なるものとなったと云う。

(9)石徹白《いしとしろ》社は、越前大野郡白山の麓にあって、即ち白山の別宮である。開基は泰澄で、七社明神を勧請し、第一正殿、本地十一面観音以下、それぞれ仏菩薩を祀り、第七は泰澄を祀る。この地は山間の僻地で、何処よりするも、二三里も上り、谷深く、秋の土用より春の土用まで雲消えず、家数僅に百七八十計あり、皆吉田より免許を受けて、社人となって居る。唯信仰の上には、真宗に帰して、本願寺末威徳寺の門徒である。明治三年に至り、分離の令は、この地にも及び、いよいよ実行せらるることとなり、この地を以て社地と定め、泰澄の社を「ヤス、ミ」の霊社などと称して、社人をしてことごとく神葬祭に改めしめようとした。然るに、社人の内百二十余人のもの同盟誓紙連判して、これに反抗し、代表者を選んで京に上せ、本山本願寺に訴え、神祇官に交渉を請うた。本山役僧等の返答はかばかしからず。ここにおいてこれ等帰仏の徒は、自ら社人の籍を脱し、帰農せんことを請うた。その歎願書の中、神仏混淆廃止について論ずる所、すこぶる見るべきものがある。曰く、

神仏混淆御廃止と申御趣意、両道を被レ為レ立、御愛憎は且而不レ被レ為レ在、神の神たる道、仏の仏たる道を被レ為レ分、神葬祭被二仰出一候も、道を道として、其人を人と被レ為レ遊候、公明正大深重至当之御趣意と深敬承仕、

とある。彼等は帰農して業を励み、精誠勤王尊奉の功を顕し、白山氏子としては、神事を大切に崇敬し、泰澄大師は石徹白開闢の高僧知識にして、全く我等の先祖なれば、その遺志を仰ぎて、大師堂を始め、仏像類はこれを大切に守護し給仕せんことを請うた。神祇官においては、この請を許し、命じて検地を行い、租税を徴収せしむることとした。百七八十軒の内帰農せるもの百三十余軒、残り四十余軒は神祇を奉ずることとなった。帰仏に反し、神祇を主張せる社人は、かくて石徹白を以て全く神社と改め、「この度御一新の事故、取りよけよと有るからは、神様を焼くとも埋みても、川に流しても、この神地にはおけぬものじゃ」とて、仏体仏具を取り集め、川辺に積みて焼き捨て道々の石地蔵を投げ棄てた。また安養寺という寺へ踏み込み、仏具を取り除き、大野長勝寺、上在所円周寺等においても、乱暴の所行に及んだ。尚進んで円周寺威徳寺の二ヶ寺を取り払わ

んことを神祇官に請願した。その結末は明らかでないが、恐らくそのままに置かれたらしい。

（10）竹生島は、延喜式に、都久夫須麻神社というのがある。然しながらその所在が明らかでなかった。強いてこれを求むれば、恐らくは島守大明神か小島大権現かの内であろうというのが、明治二年、竹生島役僧が大津県庁に対しての答えであった。然るに、県庁にては、弁才天を以て浅井姫尊とし、弁才天社を以て、都久夫須麻神社と改めた。役僧等は現在仏像の弁才天を以て、そのまま都久夫須麻神社と改称するは、却って神仏混淆になるべく、分離の趣意に違背するかと思われ、はた又神仏判然とは敬神の趣意に出でたるものにて、廃仏毀釈の趣意には非るように承知せり、右都久夫須麻神社の古蹟は、弁才天社の外にあるように存ずれば、それを取り調べられたしと歎願した。これに対して、県庁にては、たとえ仏号仏像なりとも皇国に安住するからは、朝廷より弁才天は即ち皇国固有の神であって、これまで弁才天と称したるを誤なりといわば、それに従うべきである、それを彼これいうは朝敵同様というべきものである、明治初年、阪本山王の馬場において、山王社の仏体仏具を焼き捨てたこともある。万一左様のことになろうとも限らず、ここの所をよくよく考うべし、たとえ白きものを黒きと仰せ出されようとも、朝廷の仰せを背くことはできず、その方等左ほど迄に仏法を信ずるならば、元来仏法は天竺より来た法なれば、天竺国に帰化すべし、今県庁より達する通り御受けせざれば、如何なる処置になろうも知れぬと、強いて御受けをなさしめた。

以上若干の例に見ゆる如く、神仏何れとも区別することの困難なるものまでも、強いてこれを分ち、これを神と改めたによって、ここに神仏分離の弊を生じ、人心のこれに帰服せぬものがある。上に掲げた伯耆大山の抗議、石徹白の歎願書の如き、以てその一般を察するに足る。また明治三年、羽黒山の事について、会津の諸寺院よりの歎願書の中に論じて居ることは、よく神仏分離の弊を指摘して、傾聴に値するものがある。その趣意は、今般王政御一新の折柄、神仏混淆せざるようにとの御命令あるについて、伺い奉りたきは、その神仏混淆せずと申すは、神仏両道を立て置かせられての上の儀と存じまする、然れば、堂又は社の主尊が、その体は神か仏か篤と御吟味あらせられ、もしその内に神体が在しまさば社であって、堂にあらず、もしその内に仏体が在しまさば、堂塔であって社にあらず、依ってその主尊が仏体ならば、そのまま本に復し、その主尊が神体ならば、これを改めらるるが当然の理と存じまする、もし左なくして、主尊が神か仏かを択まず、一概に復飾等を仕り、堂を改めて社とするは、還って神仏混淆と申すものである、いわゆる万民その威に怖れて、その徳に懐かず、やむを得ず一時の安逸を計り、当座を凌ぎ、御一新の命を欺き奉るものと存じまするというのである。又右の歎願書に添えて出した別の建言書にも、弁才天の如きは、神祭になされたけれども、これは釈迦仏経より出たもので、我が朝において祖師達の初めて祀ったものではない、然るに今般改めて祀らるることとなった所では、弁才天・愛宕を始め、神体はそのままであり、また復飾の社人は、薬師・地蔵の類をそのまま注連を張り、神祭に致すものもあり、これは結局神仏混淆と申すものである、これが為めに、人心動揺し、半信半疑の状態にあり、神仏の感応霊験も自然薄らぐの恐れがあると陳べて居るのは、如何にも尤もの次第である。

以上は神仏分離に伴うて、神社内にある堂塔・仏像・経巻その他仏教関係の物品の廃棄処分、又は神仏何れとも素性の明らかならざる権現等を崇祀せる造営物を、強いて神社に改め、これに伴うて起った破壊行動について、若干の例を挙げたのである（本節拠る所の史料はすべて明治維新神仏分離史料に収載す。今一々註せず。）。

三　寺院の廃合

次には、神仏分離の令の出たのを機会として、神社には関係なく、寺院の廃止・寺院の整理廃合を断行したものが少からずあった。その実例若干を示そう。

（1）信州松本藩　松本においては、時の藩知事戸田光則は朱子学を奉じ、その下に大参事稲村久兵衛という者があって、これも朱子学を奉じ、殊に水戸学を尊奉して居た。その次に小参事神方神五左衛門及び岩崎作楽などいう国粋家が居た。藩主は先ず自らその家に関係ある諸寺院を廃毀して、範を領内に示した。即ち明治二年七月、自家の祈願所たる弥勒院の住僧が、常に戸田家の氏神五社神社の神前に読経するの例を止めて、弥勒院を廃して、その住僧は復飾せしめて、五社神社の神官とした。又戸田家の菩提所たる全久院及び前山寺をも廃毀した。全久院の住持恵亮は、しばしばこれに抗弁して、廃寺の妄を弁じ、寺門の存続を歎願したけれども、却下せられたので、遂に止むなく、本尊及び開山像を奉じて、郷里越後に帰り、出雲崎に寺号を移して、一宇を建立した。次に藩士全般に廃仏を実行せしめんとするに当り、戸田藩知事は、政府の承認を得んが為めに、太政官弁官に宛てて、願書を差し出し、藩士ことごとく神葬祭に改め、ついで管内ことごとく神葬祭に改めたい、これについては当藩菩提寺全久院及び前山寺は既に神葬を願い出で承届けたる上は、無檀地になり、無益の贅物なるにより、これを廃却し、住僧は生活の道立つまで、家禄の内よりこれを扶助し、両寺共学校に改めたい、この他管内寺院無檀無住の贅物は、同様に破却仕たしという主意であった。弁官からの指令は、故障の筋なくば苦しからずというのであった。これによりて先ず葬事改良の為めに、角田忠行の著葬事略記を一般に読ましめた。翌四年の頃より、廃寺の実行に着手し、改典掛というを設け、岩崎作楽等がこれに任ぜられ、藩士は家老用人以下足軽に至るまで、残らず改典し、次に町方役人も残らず神葬に改めしめた。ついで掛役人は、村々へ出張して、村役人に命じて、小前の細民に至るまで集めて説諭し、廃仏の必要を説き、神葬祭を出願せしめた。藩庁へは、毎日一村数百人ずつ三四ヶ村程ずつ願書が到着した。寺院へも同様に出張巡回して、廃寺帰農の理由と利益とを説明した。大町村の曹洞宗霊松寺安達達淳・同大町在平村曹洞宗大沢寺快龍は、これ等役人に対して大いに弁ずる所あり、これを閉口せしめ、終にその廃寺の厄を免れたという。松本の真宗正行寺佐々木了綱は、廃寺帰農に反対し、その末寺宝栄寺等の諸寺と力を合せて、京都本山及び浅草輪番の手により、東京府を経て、中央政府に反対運動を起し、苦心奮闘し、藩庁に対しては、本山の命令なき以上は、決して藩命に従うこと能わずと、身命を賭して抗議し、藩庁に出頭すること前後十七八回に及び、その間二ヶ年に亙って、藩よりの干渉圧迫を意とせず、知人親戚の勧誘をも却け、節を守りて屈せず、遂に寺運を全うした。これが為めに、真宗両派の寺院は、ただ一ヶ寺を除くの外は廃寺の厄を免れたのである。この時廃仏の当事者たりし岩崎作楽は、幼名を八百之丞というたが、真宗の御坊が独り廃寺とならなかったに就て、時人落首を作って、「八百屋さん残りの牛蒡はどうなさる」と嘲った。松本市内には、二十四ヶ寺あった。その内廃寺の厄を免れたものは正行寺外三ヶ寺で、残二十ヶ寺は廃せられた。戸田領内浄土宗の寺は三十ヶ寺あった。その内廃寺二十七ヶ寺に及んだ。曹洞宗は四十ヶ寺の内九ヶ寺を除き、あとは皆廃せられた。真言宗廃寺十ヶ寺、日蓮宗は四ヶ寺あったが全廃せられ、真宗は八ヶ寺の内一ヶ寺だけ廃せられた。真宗に廃寺の少かったわけは、別に女犯による罪跡の認むべきものもなく、殊に寺を出るにおいては外に往く所もなく、生れた所の寺なれば、これに居住致すより外なきによるということである。廃寺に伴うて、仏体仏具の類は何処にもある例の如く、火中に投ぜられたものが少くない。中には他所に転々して、その行衛の知られぬものも若干はある。寺院外の石塔類の破壊も盛んに行われ、松本の城山には、従来無数の石塔が列んで居たが、神の世の中になったから、仏に関したものは、高処に置くべからずとて、血気にはやるものどもが、力任せに崖より谷へと投げ落した。又辻々路傍の供養塔・巡礼塔等も路傍に倒されて埋没し、或は堤防の下積、石垣の下積、溝の石橋となったものも多い。かくの如く廃寺の断行につとめた間に、四年七月廃藩置県の令が出て、十一月十六日松本県廃止せられ、藩主は東京に出で、廃仏の事は自然有耶無耶になった。

（2）伊勢山田　伊勢の宮川と五十鈴川との間にある神領地域を川内という。その神領に、浄土・真言・天台・禅の寺院が凡そ百十余ヶ寺もあった。明治の初、同地方に度会府を置き、橋本実粱が知事に任ぜられた。橋本知事は、川内神領地において、一切仏葬を禁止して、神葬にすべしとの令を出した。次に各寺住僧を呼び出し、今般仏葬禁止せられたに就ては、最早各寺共寺を維持することもできぬによって、住僧は檀徒総代と連署して廃寺願書を差し出し、住僧は帰俗すべし、即ち今廃寺を願い還俗する者は、身分は士族にとりたて、且つその寺院に属する堂塔等の建造物及び什器は、悉皆その住僧の所持に帰せしむ、もし猶予する者は、近く廃寺の令出る時、すべての建築器物等官没すべしといい渡した。かくて、各宗僧侶は多く廃寺願書を差し出した。各宗の寺の中で、相当の寺田を有するものは、別に檀家なくとも維持ができる所から、廃寺願書を差し出さず、中にはまた圧迫に堪えかねて、他国に出奔したものもあり、また元より無住のものもあって、これ等合せて十数ヶ寺は廃寺の難を免れた。明治二年二月、度会府よりの達に、今般天皇行幸参拝遊ばされるについて、神領中、参道にある仏閣仏像等ことごとく取り払うべく、尚今後宇治山田町家において、仏書仏具等商売致すこと相ならずというのであった。この時に、画僧月僊を以て有名なる寂照寺は、もとより寺産を有するを以て、廃寺願を出さずに居たが、その所在が大道に面して居たので、府知事から、その寺行幸道筋に当り、御目障りになるから、今より十日以内に本堂鐘楼経蔵寺門等悉皆取り毀つべしとの厳命が下った。そこで寂照寺は、府知事に日限の猶予を願い、一方本山知恩院に歎願に及んだ。知恩院においては、山田において追々帰俗出願廃寺に及ぶ者あるにより、門主宮より朝廷へ伺いを立てられた処が、朝廷では決して廃寺廃仏の趣意に非ずとの御沙汰であった。これによって本山より伊勢地方へ鎮撫の為め、大慧院雷雨を遣して説諭せしめ、雷雨は五月二日を以て暇乞して出発した。寂照寺からは、右の朝廷の御沙汰を以て、府知事に上申に及んだ所、然らば取り毀つには及ばぬが、御目障りにならぬように、寺門の前を板囲いすべしと命じたので、寺は已むを得ず、これに従い、ようよう取り毀ちの難を免れたという。廃寺の数は増上寺の記録によれば、浄土宗七十九ヶ寺、曹洞・臨済合せて六十余ヶ寺、真言・天台合せて凡十余ヶ寺に及んだ。真宗と日蓮とは寺がなかったという。

（3）土佐における廃寺もまたすこぶる激烈であったようである。同国の寺院は、檀信徒の維持によるものは甚だ少く、小寺は格別として、やや大なる寺は、その造営は藩庁の手に成り、寺領寺地皆藩より給せられた。然るに廃藩となってより、寺領は廃せられ、造営は止まったので、寺院の維持に窮したのと、一方には社寺掛北川茂長等が熱心に神仏分離を厲行し、祖先の仏式祭儀を神式に改めしめたので、士民共に神道に帰する者多く、僧侶の復飾して神職となるものも多かった。ただ真宗のみは、依然として継続し、他宗の廃寺になったものも、真宗に聚り来るという有様であった。寺院の総数六百十五の内、四百三十九は廃寺となった。この内三百一ヶ寺丈は南路志翼にその名を載せて居る。その内訳は、真言百八十六、曹洞九十八、真宗八、日蓮六、禅三となる。

（4）薩摩においては、慶応元年の頃より、夙く廃寺の具体案が作られて居た。その主張は、今や時勢は切迫してきた。寺院僧侶は不用のものである、僧侶もそれぞれ国の為め尽させなくてはならぬ、僧侶の壮年の者が、只坐食しては済まぬ、若い者は兵役に使い、老いたる者は教員に用うる等、その分を尽さしめねばならぬ、寺院禄高も軍用に充て、仏具は武器に用うべしというのであった。そこでこれを藩侯に建言に及び、直に採用せられて、廃寺に関する調査掛が命ぜられた。その調査によって得た結果は、大小寺院総数一〇六六ヶ寺、僧侶総数二九六四人、この内十八歳以上四十歳迄の壮者で兵員に充つべき者、学識ありて教員に充つべき者、老年にして扶養料を与うべき者、農工商各所好に任すべき者の四種に分けた。かようにして調査を進める内に、明治維新となり、神仏分離令も出で、廃仏の気勢は天下に漲った。二年三月、藩主島津忠義の夫人照子の逝去にあうや、その二十五日、知政府の名を以て、従来藩の葬祭は仏家の作法を以て行い来たったが、この度復古の盛典に基き、葬祭はすべて神国の礼式を以て行わるることとなったにより、この旨向々へ申し渡すべしという令達を発した。六月に至り、また令を出して、中元盂蘭盆を廃し、領国中一同これを禁じ、祖先の祭は仲春・仲冬に行うべき旨、神社奉行に申し渡した。十一月に至り、遂に廃仏の令を発布した。その文は、御領内寺院被レ廃候条、御仏餉米、祠堂銀迄も引取被二仰付一、諸仏の儀悉く被レ廃候旨被二仰達一候条、此旨神社奉行へ申渡、向々へ可二申渡一候

明治二年十一月

知　政　所

ここにおいて、歴代藩主の廟号も、俄に神号に改められ、寺院内にある藩の墓地も、それぞれ寺号を称して居たものを改めて、地名を以て称することとした。寺院はすべて廃せられ、僧侶はことごとく帰俗を命ぜられた。仏像経巻及び一切の仏具は、藩吏監視の下に焼却せられたものもあり、また石の仏像は打ち毀して、川々の水除けなどに用いられた。今に鹿児島の西南の甲突《こうつき》川に仏淵という所あり、即ち仏像を沈めた所である。中には密かに承塵の上に隠して、辛うじて発見の厄を免れ、或は地中に埋蔵して、焼却の災を免れた物もある。朱子学を以て名あり、また関ヶ原前後徳川氏と島津氏の交渉に与って力あった文学僧南浦文之の木像もその一である。明治四十年頃、文之和尚の開創に係る大龍寺祉に小学校を建てることになって、地を掘った所、端なくも一個の大木像を得た。これ即ち開山文之和尚の像で、維新前には開山堂に安置してあったものであった。時の知事坂本釤之助は、有志と相謀り、これを南洲寺に安置して供養したという話が伝って居る。坊津の一乗院の如きは、仏像仏器図画等甚だ多く、さながら薩南の美術館という姿であったというが、廃仏の嵐の為めに全く吹き散らされてしまったという。

（5）隠岐　維新当時、隠岐には正義派と称する急進党と、これに対して因循派といわれたものが

あった。島前には因循派が多く、彼等は多く仏教寺院の僧侶及び信徒であった。正義派の首領といわれた者は、何れも島後の住人で、中沼了三等はその主なるものであった。彼等は皆皇漢の学を修めて、仏教を排斥した。その頃島後西郷港に、松浦繁太郎というものがあって、後に改名して荷前と云うた。野々口隆正・足代弘訓等の学風を慕い、常に書状を往復し、西郷港に私塾を開設し、青年等を収容して、皇典の講義をなし、常に僧侶の横暴姦悪を罵っていた。慶応四年六月に、いわゆる正義派が全勝の際に、荷前等に率いられた壮士等は、一挙に仏教排撃を実行した。即ち全島に亙って仏教の堂舎図像を破壊し、各戸も皆これに倣うて破壊した。明治二年三月以後数月に亙って、島後の四十六寺は、ことごとく廃滅に帰した。神社にある仏教の図像器具は皆取り出して破却せられた。松浦荷前、吉田倭麿等は、神社改を実行した。源福寺には本尊大日如来像を首《はじめ》とし、後鳥羽天皇の御手作と伝えている仏像もあった、歴代京都の諸公卿から納められた大般若経等も多かった、壮士等は、仏像経巻を破毀し、糞尿を以て汚瀆するに至った。これ等の仏像仏具等は、仁王門の前の広地に積み上げて焼棄せんとしたが、その夕大雨のため果さなかったので、島民夜暗に乗じ、ひそかにその二三体を取り出し、自家の床板の下に埋没して置いたものが今日僅に残存している。隠岐の全島に亙り、仏教の図像器具類の金銅等の物は、数ヶ所に積み上げてあったが、隠岐県で売り払うこととなり、鳥取藩士の清水某と云う者が、全部を六百円で買い受けたという。同四年正月に、島民は仏教を改めて神道に帰することとなり、公文所に血判状を出した。これはもとより強制によるものである。仏教の僧侶は皆強制的に俗人にした。僧侶で俗人にならない者は、強制的に追放した。つまり隠岐には一人の僧侶も置かないこととしたのである。京都知恩院記録に、この頃隠岐の廃寺について同国善立寺・清楽寺等より知恩院へ歎願し、使僧を派遣することが見え、次いで又知恩院より政府へ歎願すべく、東寺観智院へ文面の相談に及んだことがあり、次いで山口善生寺を同国に遣すについて、政府に添翰を請う所の願書案がある。その結果か否かわからぬが、四年十一月に、浜田県は、仏教排撃の実行の状況を調査し、横地官三郎を徒刑一ヶ年半、忌部正弘を自宅謹慎一ヶ年、他九名を百杖の刑に処した。この後、同国寺院は明治十二三年頃より、漸く再興の運に向い、明治四十四年には、各宗寺院二十二ヶ所、説教所若干を数えるに至った。

（6）富山藩においては、一派一寺の令を出して、爾余の寺はことごとくこれを廃合した。この廃合の挙は、主として藩の大参事林太仲によって行われた。明治三年閏十月二十七日付を以て、合寺の令を発し、この度朝廷より、万機改新の布告もあり、追々時勢転変の折柄、都市の寺院はすべて一派一寺に改正すべきにより、迅速に合寺すべし、もし違背に及ばば厳科に処すべしと令達した。即ちその一宗一寺の名を定めて言い渡した。この令を出すと共に、兵を要所に置き、各宗の本山及び檀越との連絡を断ち、抵抗する者あらば打ち殺すという勢いを以て、兵卒をして大砲を引かせて、市中を昼夜巡回した。その勢いを恐れて、何人も抵抗する者はなかった。翌二十八日には、存置の法華宗の大法寺より、合寺は迅速に行われ、配下の寺は、今暁よりすべて合寺を了り、また梵鐘金仏等は差し上ぐる旨、同意を得た由を届け出た。藩からは人夫を遣して、これ等の金属品を没収し、これを富山城二の丸に輸送して、山の如くに堆積して、これを鋳潰して、銃砲製造の料に供せんとし、更に一向宗の正龍寺址に新設した鋳造工場に運んで、その作業にかかった。合寺の為めに苦しんだ事は、一伽藍の中に数寺合併の為め、不便の多い事であった。由りて一㕝合寺を改め、各寺別火に一境内に集寺して寺を営まん事を願い出たけれども、許されなかった。十一月に至り、大法寺住職は、合寺に尽力したる廉を以て、賞を授かり、翌年七月、各宗寺院に対し、合寺の命令を遵奉したるを賞せられた。当時藩内の各宗寺院の数は、浄土十七ヶ寺、天台二ヶ寺、真言四十二ヶ寺、臨済二十二ヶ寺、曹洞二百ヶ寺、真宗千三百二十余ヶ寺、日蓮三十二ヶ寺、総計千六百三十余ヶ寺が、七ヶ寺に合併せられたのである。この合寺の令によって、最も困難を感じたのは、真宗の寺院であった。他寺と違い、妻子を有するにより、多くの寺が一寺に集合することは、実に困難であった。明治三年に至り、真宗専琳寺住職渡辺法秀は、東京に出でて、合寺令の苛酷を政府に陳情に及び、又、真宗本派からは佐田介石、大谷派からは松本自華を派遣して、実況を検分せしめ、両人藩庁に至りて、その不理を陳じ、他宗の本山よりも続々これを訴えた。四年五月に至り、太政官より富山藩に対し、合寺の為め下情怨屈の趣相聞え、不都合なるを詰り、更に穏当の処置方取調伺出づべしとの沙汰が下った。藩からは、寺院合併の儀は、既に半年も過ぎ、引き払いの寺院は堂宇残らず取り毀ち、地内は開拓したるもあり、更に前の如くせんことは、入費も少からぬことでもあり、又合併のことは、先般届済にもなりたることとなれば、このままに差し置きたい、但一向宗僧侶は、家族もあること故、別段の見込を立てて、御伺い申すべきも、外の各宗は、そのままに差し置きたしと伺い出た。幾許もなく、廃藩置県となり、五年七月に至り、天台宗、浄土宗、禅宗、真宗、日蓮宗、時宗の各代表者連名を以て、教部省に宛てて、富山藩の寺院数百ヶ寺合併にては、諸事差し支え、その頃発布せられたる三条教則（三条教則は明治五年発布、皇道宣揚、国体擁護の趣旨を宣伝せしむ、一、敬神愛国、二、天理人道を明にすべし、三、皇上奉戴朝旨遵守）の教導も行き届かざるにより、旧地を回復し、寺名相続せしめられんことを願い出た。十月二十七日に至り、檀家七十戸以上を有する寺院に限り、合寺を解き、同九年二月、檀家七十戸以下のものも合寺を解き、かくて各寺院は漸次復興の運に向ったけれども、中には廃寺の地は既に個人に払い下げられて、民家の軒を列べるもあり、或は田圃に開かれて、そのままになったのも少くない。

（7）佐渡における廃寺も、また他の諸国に勝れて最も激烈なる一例である。即ち判事奥平謙甫の命を以て、五百有余の寺院を、八十ヶ寺に合寺せしめたのである、明治元年十一月二十一日、奥平謙甫は聴訟方役所へ、諸宗本寺住職を呼び出し、自国に本寺あるものは、すべてその本寺へ纒り、他国の末寺は最寄りの本寺へ一纒りになるべし、その期限は十二月十日限りとし、浄土真宗のものは、子孫もあることなれば、特別を以て、十二月二十日まで猶予致し遣すべしと申し渡した。東西本願寺派の寺々は、延期を願い出たけれども聴き入れられず、遂に申し渡された期限に、それぞれ纏り寺を定めてこれに合寺することとなった。二年二月になって、真宗寺院においては京都行の幸便を得て、本山へ願書を出し、今度合寺の命令で十三ヶ寺だけ立置になり、その余は廃寺となった事情をのべて、越後の御坊なり又本山へ訴えたいにも、出国ができず、脱走するものは鉄砲で打ち殺すとの御触れがあり、強いて出国の願を出せば、国境追放せらるるというので出られない、願くば、本山の威光を以て、太政官へ直願下されたいと申し出た。この月の中旬頃から、諸宗の僧侶は続々帰農の願を出した。独り真宗の僧侶には、一人も帰俗者がなかったという。三月になって、廃寺の梵鐘仏具類はすべて河原田諏訪町へ差し出さしめ、ここに鋳銭所を設けて、鑪鞴を備えて、大砲及び天保銭を新鋳した。又諸宗寺院の除地田畑は没収すべきの処、寛大の処置を以て、立置寺の分は、検地の上、そのまま所持せしめ、廃寺の分は帰農願い出たものにはこれを給し、帰農願い出でざるものは、農家に相当の代価を以て下附することとした。四月になって、真宗寺院においては会議を開き、総代を選んで、京都本山へ歎願しようとしたが、立置寺と廃寺との議合わず、もの分れになった。その内に東西両派共一名ずつ、策を以て越後の御坊より呼立てにより、越後行きの許可を得、ついで上京し、本山へ歎願することとなった。十一月になって、東派の総代本福寺了賢帰国しての報告に、歎願の結果として、新門主東上して直願せらるることとなり、九月晦日には、弁官より、願の趣きは佐渡県へ引合せ中に付、追って何分の沙汰を待つべしとの指令があったということであった。この間において、奥平謙甫は佐渡出張の任を解かれ、新五郎が佐渡県知事となった。これは右の歎願の結果による事であろうか。ついで三年二月二十五日に至り、諸宗本寺住職を呼び出して、国中寺院はすべて八十ヶ寺立置の積りになって居たが、今度格別の憐愍を以て、五十五ヶ寺を増し、すべて百三十五ヶ寺立置くこととしたとの申渡しがあった。真宗の徒は、尚も二三年廃寺延期を願い出たけれども採用せられなかった。四月に、東京より鑑督司松井清隆の渡海に際し、佐渡の廃寺一同より直訴に及んだ結果、県より達を以て、廃寺の什物田畑共そのまま檀家へ預け、僧侶は堂番とするとも又は帰農するとも、檀家との申合せ次第たるべしということになった。四年八月十六日、真宗廃寺のもの等より、廃寺の為め、村内死亡者ある時、これを遠方に持ち運び入費も多分にかかるにより、在来通り葬祭式会等を許されたいと願い出たけれども採用せられなかった。五年三月、佐渡県戸籍掛から、廃寺の檀家は立置寺院へ改檀致すべしとの命を出した。これによって諸宗寺檀は再び騒ぎ出し、真宗寺院はしばしば書を呈して歎願に及んだ。その為にや、廃寺堂番のものは追って処置せらるる迄は、改檀寺院代の心得を以て、檀用仏事取り扱うべしと達せられた。七年一月、教部中録鈴木大の出張した時にも、諸宗より廃寺復旧の願書を出したけれども、教部省設立以前の廃立は、教部省の所轄に非ざる旨を以て、願書を却下せられた。九年及び十年にも、またしばしば願書を県に出して復旧の事につとめたけれども、採用せられなかった。十一年十月二十日に至り、新潟県よりの指令を以て、真宗東派十二ヶ寺の再興を許され、翌十二年八月を以て、願により何寺住職と公称することを得るようになり、十五年には尚六ヶ寺の復旧を許された。ここに至って、廃寺として残るものは、極めて僅かになり、大概は復旧することを得たのである。

（8）讃岐多度津藩に於ても、一宗一寺を断行しようとしたことがある。三年十月二十八日、同藩民政局の名を以て、この度当管内寺院一宗一寺に縮合申し付くるにより、良策見込みもあらば、来閏十月十日限り、書付を以て申し出すべしと令達した。これに対して、各宗寺院連名を以て、あまり至急の儀で、当惑仕るにより、暫く延引下されたしと歎願に及んだ。各村百姓等よりも、これ迄長々崇敬仕りたるを俄に合寺せらるることは、痛々しく存するにより、何卒在来の通りにせられたいと願い出た。閏十月五日に至り、藩民政局より、告示を以て、寺院縮合のことは未だ決定したことでも無く、良策見込みもあらば承るべしとの内意なれば、この段心得違いなきようにと達した。かくの如くにして、この縮合令は、遂に実行せられずに終った。何故に、かくの如く藩において、にわかに折れて出たかというに、当時四国においては、土佐は勤王の唱首となり軍を西讃岐に動かした。時に、多度津藩は、真先にその先鋒たらんことを請い、為めに小藩ながら、大いに幅を利かした。そこで土佐の廃仏案にも賛成して、自ら廃仏の模範を示さんという意気込みであった。これによって合寺の令を出さんとしたのであるが、これには、右にものべた如く、百姓等の反対があり、領民ほとんど全部が蜂起せんとし、又寺院側においても、讃岐全体の寺院が、連日協議会を開いて、反抗の態度に出でようとした。中にも西覚寺常栄光賢寺幽玄という二人は、最も強硬で、全部の寺院住職打ち揃うて青竹に焔硝を詰め、それを背に負い、以て藩に強訴し、もし聴されなかったならば、火をつけて自ら藩邸と共に焦土とならんという策を建てたという。かような気勢であった処へ、この合寺案は、藩全体の意見でなく、少数の激論党が、土佐の威を仮りて、主張した意見であったので、かように領内が騒動を起すようになっては、多数党が承知せず。結局右の如くこの案を撤回することとなったのである。かようにして、多度津の廃仏は行われずに無事に終結した（本節拠る所の史料はすべて明治維新神仏分離史料に収載す。今一々註せず）。

四　廃仏に対する反抗運動

廃仏の気勢に反抗して、地方において暴動を起したものが、往々あった。その最も著しきものは、一、明治四年三河大浜の騒擾、二、五年信越の間における土寇蜂起、三、六年越前大野郡・今立郡・坂井郡における暴動である。左にその概況を叙べよう。

（1）明治四年三河大浜の騒擾

明治四年、三河大浜の騒擾については、夙く明治二十三年に平松理英氏の廻瀾始末という四六判凡そ二百頁ばかりの書が著されてある。この書の内容については、多少芝居じみた書き方の所もあり、且つその中心人物を回護せんとした為めに、筆を枉《ま》げたではないかと思わるる嫌いがないでもない。その後、明治四十四年十月に、田中長嶺氏の明治辛未殉教絵史が出版せられた。これには、廻瀾始末に見えぬ事も多く載せられ、すこぶる詳かなものである。また近頃滋賀県堅田の羽根田文明氏が編せられた仏教遭難史論には、やや異聞もある。これは同氏がその地へ出張して古老について聞き、親しくその実地に臨んで調べたものだそうである。ここにこの一件の経過の大略を述べよう。

駿河沼津城主水野出羽守の領地が、三河碧海幡豆両郡にあって、碧海郡大浜に代官陣屋を設けて支配して居た。維新の際、菊間藩大浜出張所といい、本藩より少参事服部純が来任して、新政を施行すと称し、称名寺藤井説冏・光輪寺高木賢立の二名を教諭使に任命し、各村を巡回して、神前念仏を禁じ、神を拝する作法として祝詞を読み習わせた。三河国は、数百年来殊に真宗の勢力最盛なる地であるから、この事を聞いて、信徒等はすこぶる喜ばなかった。或は曰く、かの少参事服部某はヤソであろう、彼の教諭使なるものは、それと一しょになって、仏教徒をヤソに引き入れようとするものであろうと、その噂でもちきった。明治四年二月十五日、服部少参事は、大浜部内一般各宗寺院の信徒を呼び出して、寺院の併合及び僧尼の制限について下問書を出し、強制的にその請書を差し出さしめた。真宗僧侶は本山へ伺いの上にしたいと日延べを願い出たが、許されなかった。僧侶は夜を日にかけて奔走し、三月二日、暮戸会所に集合して議を凝した。蓮泉寺台嶺・専修坊法沢の二人がその盟主となった。三月八日、再び暮戸会所に集合して、最後の決定をしようとした。当日参集の僧侶は百有余名に及んだ。衆議は大浜西方寺・棚尾光輪寺が擅《ほしいまま》に合寺の請書を差し出したのを難じた。台嶺は先ず大浜に赴き、両寺に問責の上、当局に論議に及ぼうという。衆僧これに賛成するもの多く、直に連判帳を作ってこれに署名捺印しようとした。時に如意寺源致は、今騒ぎ立てるは却って不利である、本山を経て堂々と出るが得策であろう、今大挙大浜に赴けば、真宗僧侶が一揆を起すと見られて、却って為めにならぬと、かたくこれを止めた。これが為めに連判する者が減少した。台嶺はこれにも屈せず、血判の志士三十余人と共に、翌暁七つ時（午前四時）出発して、大浜に向うた。途中信者が三人五人と加わり、ヤソ退治の為めならば、我等も助勢に加わろうと、漸く増して数十人となった。夜があけて、三月九日、群集は米津龍讃寺に繰り込み、休息した。台嶺は衆に対し、決して暴徒に類する振舞なきように注意した。同日午後には、夜の用意にと、提灯を高張に造る為めに、近傍の籔に入って竹を切った所、中にはこの竹を竹槍に擬して振って居るものがあったのを、群集が見て、われもわれもとこれに倣うて竹槍を作り、終にその籔を切り尽したという。その日没に、鷲塚村に至り、蓮成寺外二寺に分屯した。この日大浜出張所からは杉山少属をして、四五の随員を従えて、鷲塚村の庄屋の宅へ派遣せしめた。専修坊法沢は台嶺及び七八名の僧侶とこれに会して、願意を陳述したが、杉山等は、ただ、成らぬ、出来ぬと答うるのみであった。その中に、僧侶の数は次第に増して四十名近くになり、加うるに鷲塚には信徒の集団があって声援して居る。その日日没に至り、群集の気勢益《ますます》張り、談判はまだか、押しかけてぶち殺せなどと叫び、終に蓮成寺の鐘をつき始めた。住僧がこれを制すれども聴かず、終にその撞木の縄を切り放った処、今度は麦打槌を以て乱打し、騒擾は極点に達した。夜に入って群集は庄屋の宅を囲み、折々関の声を挙げて、示威運動を起し、終に瓦や石を投げこむものあり、乱暴狼藉に及んだ。一方吏員と僧侶の談判は、終に破裂して、法沢等は斯くまで歎願しても御聴入れなくば、最早これまでなりと座を立った。この時に当り、吏員五名は恰も袋の中の鼠の如くであった。杉山は大浜に急を告げんと欲し、杉浦某を遣すこととした。杉浦は袴の裾を高く括り、襷をあやどり、後鉢巻をして、玄関に現れた処、群集はそれヤソが出た、ぶち殺せと、竹槍を突き出すを、杉浦は刀を抜いて、無二無三に囲いを衝いて、近傍の天満宮の石橋の下に隠れて、辛うじて難を免れた。民衆は庄屋の屋内に乱入し、杉山は随員と共に刀を抜いて躍り出て逃れたが、その中一人の随員は、終に竹槍で突き殺された、暴徒はその首をあげ、藁苞にして矢作川に流した。ここにおいて三十余名の僧侶は、無数の群集を従え、大挙大浜に向うた。菊間藩出張所にては、急を聞いて、少属一人をして、士二人農兵十余人を引率して出張せしめ、鷲塚の村端において群集に遭うた。藩兵狙撃して、民衆の内負傷漸く多く、終に右往左往に散乱し、藩兵がその二十余人を捕えた。三十余名の僧侶も、また逃れて自坊に匿れた。既にして岡崎・西尾・刈屋等近隣諸藩の援兵続いて至り、暴徒の嫌疑者数百人を捕え、その巨魁蓮泉寺台嶺・専修坊法沢等を始め、ことごとく岡崎に移され、審判あり、同年十二月に至り、罪科を宣せられた。台嶺は斬罪に処せられ、法沢は准流十年、その他三十余名各差あり、俗人刑せらるるもの九名、中一人絞罪、その他差あり。明治二十二年大赦を行われ、これ等の罪はことごとく消滅した。

（2）明治五年四月信越の間における土寇蜂起

明治五年四月、信越の間に土寇が蜂起した。これより先、旧会津藩渡部悌輔・近藤慶治・吉田藤太郎・村上藤治及び旧庄内藩吉川大介・米沢藩竹田何某等、奥羽鎮定の後、信越の間に流寓して居った。たまたま信濃川を北海へ疏通の工事起り、官より地方民に課して、湟渠を鑿《うが》って居た。又訛言あり、官廃仏を決すと。土民これを信用し、相屯集し、課役を停め、仏教を興し、或は新潟港を鎖し、租税法を復する事等を県庁に請うた。官吏は諭して、解散させようとしたが、土民等肯ぜず、渡部以下四人は、この機に乗じ、ひそかに月岡村安正寺の僧月岡帯刀と謀って、その党を煽動した。土民大いに勢いを得、遂に渡部以下月岡を推して主将とし、徳川氏回復の五大字の旛を樹て、共に一隅に拠らんとし、その徒ほとんど二万人に及んだ。四月二日、遂に大河津の川口に向い、沿道の民家を焼き、進んで新潟港に迫ろうとした。時に松平参事・南部権参事等、賊中に入り説諭したけれども、賊徒益《ますます》猖獗を極め、官吏を傷つけ、大道盈伊は為めに死んだ。県庁は、鎮台兵四小隊の派遣を請い、平島村に進み、急に賊を砲撃し、賊辟易四散し、事平いだ。後、渡部月岡以下数人を斬った。

（3）明治六年越前大野・今立・坂井三郡の暴動

維新の初、越前今立郡定友村に、真宗本派末寺唯宝寺良厳というものがあって、法主光沢の選により、長崎に至り、新知識を得て帰った。終に帰俗して、石丸八郎と称し、教部省出仕となり、五年十一月国に帰り、門末に寺院廃合の急務を説き、且つ神道を弘め、王政復古の実を挙ぐべきことを主張した。これによって、信徒等は所々に会合して、如何にせんかと論談するものあり。石丸の行動は、同郡庄境村明光寺の住職から、大野郡据村最勝寺柵専乗に急報せられ、大野郡の信徒は、大いに動揺した。偶《たまたま》六年一月、太政官は令を発して、教導職の中に東西両部の名号を廃し、爾後一般に神道教導職と称すべき旨を布告し、大野の町々に高札を建て、これを掲示した。事理に暗き信徒は、これを解して、両部は東西本願寺の事、名号というは即ち六字の名号と、早合点して、全く仏法破却の世となったと、村より村へ人より人へといい伝え、家業を廃して、鳩首凝議した。二月一日、最勝寺専乗は、大野郡友兼専福寺金森顕順ならびに檀家竹尾五右衛門等重立つ者五六人と会し、石丸もし来郡して廃寺毀釈を宣伝したならば、早鐘を撞き、信徒を召集してこれを退くべしと約した。ついでまた、附近の僧侶とも最勝寺に会議し、今立坂井二郡の門徒にも移牒して、同意を得た。専乗はまた竹尾五右衛門等四十三ヶ村の檀徒と会し、もし一人といえども就縛せらるる者あらば、直ちに出動すべきを議し、連判状を作って最勝寺に保管しておいた。既にして大野出張所にては、この事を探り知って、三月五日邏卒〔巡査の旧称〕を遣して、竹尾五右衛門及び専福寺顕順を捕えて往く途に、五右衛門は隙を窺い、邏卒を突き放して逃走した。邏卒はやむを得ず、顕順一人を引き連れてゆく内に、五右衛門は附近の寺院にかけって、早鐘をつき立てたので、かねての諜し合せにより、たちまち遠近の寺々相伝えて、早鐘をつき始め、村々の人々聞き伝えて、それ取り戻せ奪い返せと、竹槍手々に身繕いし、南無阿弥陀仏の六字の紙旗蓆旗など押し立てて繰り出した。邏卒はこれを見て、事の意外に驚き、終に順顕を棄てて逃げ失せた。かくて一揆の農民は、次第にその数を加え、同月七日出張所を襲うてこれを破壊し、戸長その他商家の平生怨みあるものの家を焼き、又上庄村木本領・下庄村菖蒲池等の区長戸長豪農等の家を襲い、勢い猖獗を極めた。明けて八日には尚遠方より馳せ加わり、一揆の人数幾万とも計り難くなった。県庁においては、鎮撫の為め少属天野精成を派遣し、旧大野藩士の中、地方民にその名を知られた西川忍夫に旨を含めて、暴徒の本拠に遣し、謀を以て先ず農民の願意を聞き質し、三ヶ条の願意、即ちヤソ宗門越前に入るべからざること、法談を差し許さるること、学校において洋学文を止めらるることの聴許の証状を天野少属より出さしめた。農民等はかくなる上は、我等の願望成就したと、一同喜び引き上げた。この間に、敦賀県は、旧福井藩士を募り、また暴動の他郡に波及せんことを慮り、名古屋の鎮台に出兵を請うた。果して十二日に至り、今立郡の暴民蜂起して、戸長区長の宅を襲い、富豪の宅を掠略し、唯宝寺その他を焼いた。県官等旧士族と共にこれを撃退した。同日に坂井郡民もまた蜂起して、まさに福井に迫ろうとするの報があった。天野少属等旧藩士族邏卒等とこれを要撃し、十四日、村田参事等坂井郡を巡検して、一揆を解散せしめた。その夜に入りて、金津に屯するもの一万余人、翌日福井に向って発したが、遂に砲撃に会うて解散した。かくて県庁においては、徐ろに暴徒の巨魁を捕縛し、諸家に侵入乱暴した農民を捕縛し、二十日には、名古屋鎮台の兵も到着し、前後捕縛せらるる者約五百名、四月四日断罪あり、柵専乗・金森顕順・竹尾五右衛門等五人は斬に、以下それぞれ処刑せられた（本節拠る所の史料はすべて明治維新神仏分離史料に収載す。今一々註せず）。

教義新聞の伝うる所に拠れば、この暴動は、維新の新政、戸籍、地券、散髪、洋学、新暦等に対する不平を素地として、これに三条教則に対する誤解が加わって起ったもので、単に東西両部の問題のみではないようである。左にその文を掲ぐ。

○敦賀県管下三郡暴動図略序

六年三月五日ヨリ、同県下大野郡暴動ノ起由ハ、此辺陬《へんすう》山間ニテ、開化ノ風通セス、三条ノ教則ヲ排仏耶蘇ト誤解シ、出張所及ヒ、戸長等ノ家ヲ放火シ、或ハ教顕寺ヲ毀ツ。其暴挙可レ悪。然レトモ、県ノ官員出張サレ、赤子ノ親ヲ慕フコトク、敬愛ノ礼ヲ尽シ、頻ニ従来ノ苦情ヲ訴フ、其言ニ曰ク、我等福井藩ノ暴政ニ逢ヒ、御一新ノ政行届カハ、難有御世ト云ヘシト楽ミ待トコロ、豈図ンヤ、戸籍地券等ノ儀ニテ困惑無聊。所詮此世ニテ楽ム不能ユヘ、死シテ極楽ニ往生シ、安楽ヲ究メント欲スル所ロ、又図ラサリキ、三条ノ教意、生キテモ千辛、死シテモ万苦、不可忍ノ誠情ニ付、此勢ニ及フ。然レトモ天恩難黙止、願クハ放火盛ナラサル内、年貢金穀ヲ受取タマヘト、其情憫然ナリ。然リ而メ帰《ママ》路奸物ニ誘レ、忽チ竹槍ヲ削リ、暴逆ヲ企ツ。誠ニ狂人トヤイハン、小児トヤ云ハン。

同十一日ヨリ、今立郡暴動ハ、散髪ノ令不服ヨリ起ル也。其史《ママ》兼テ石丸ヲ排仏耶蘇ト鳴動セシ奸僧発リ、寺院ケ《ママ》所区長戸長等ノ宅十ヶ所放火毀壊ス。而巨魁願書ヲ認メ出ス。趣意ニ曰ク、

一、仏法ハ従前ノ通興隆為致被下度事、

一、散髪御罷被下度事、

一、石仏石塔故ノ如ク御立置被下度事、

一、洋学ハ勿論総テ小学校御取罷被下度事、

一、旧暦為用被下事、以上、

一、十四日、坂井郡暴動ハ、大野郡今立郡ノ響キニテ、福井両本願寺掛所へ、耶蘇来テ本尊等ヲ取除ントイフ風聞アリテ、打驚キ、同所ヲ差シテ行ント欲スルヲ、森田船橋ニ於テ防禦シ、数人死傷ニ及ヒシ由、右三郡騒擾ニ付、双方死傷不知数。是民心ノ頑固ト奸僧ノ所為トニ出ルト雖モ、必竟ハ三条ノ真意毫モ民心ニ徹底セサルニ出レハ、急ニ教導ノ人ヲ撰ヒ、布教ノ実ヲ奏センコトヲ希フノミ（六年七月、教義新聞第二十四号）

五　廃仏毀釈と政府の態度

以上若干の例を以て示した如く、全国到る所神仏分離の勢いに乗じて、過激なる廃仏毀釈の挙に出で、寺院廃合は盛んに行われた。この分離の令の出た時は、恰も東北征伐の将に起らんとする際

であったので、会津地方においては、朝廷の趣旨は廃仏にありといいふらして、四月附を以て激文を発し、これを宣伝する者があった。その趣意は、今度関東へ軍勢の発向したことは、これより天下の乱となり、仏法衰微すべきかと悲歎限りなし、その故は薩長は仏法を信仰せず、浄土真宗を誹謗し、仏敵に紛れなし、これに一味するものは、皆仏敵なれば、仏恩報謝の為めに、身命を抛ち、門徒中心を協せて敵を打ち取るべしというのである。そこで、朝廷においては、六月二十二日、両本願寺・興正寺・仏光寺へ、太政官達を以て、朝廷の意は廃仏毀釈にあるに非ずということを示した。

　先般神祇官御再興、神仏判然之御処分被レ為レ在候は、専孝敬を在天　祖宗につくさせらるゝためにて、今更宗門を褒貶せらるゝにあらず。然るに、賊徒、訛言をもつて、朝廷排仏毀釈これつとむなど申触し、下民を煽惑動揺せしむる由、素より彼等、斯好生至仁億兆一視之叡慮を奉戴せざるのみならず、則宗門之法敵と謂べし。依而教旨説諭、便宜以て民心安堵方向相定、作業等相励可レ申様、門末教育可レ致旨、御沙汰候事、

　　六月

尚これに添えて、中山一位・正親町三条前大納言・徳大寺大納言は、その趣旨を演説し、東山道会津逆徒訛言して良民を誘い、天下の蒼生罪無うして、逆徒に陥ることの不便さに、御仁恤の思し召しより仰せ出されたることなれば、精々尽力致すようにということであった（明治維新神仏分離史料続編下巻一〇九頁太政類典、同正編上巻九一頁）

摂信上人勤王護法録。以下神仏分離史料は単に上、中、下、続上、続下とし、頁は数のみを記す。）。

同年九月にも、行政官の布告を以て、神仏混淆禁止は破仏の意に非ずと弁明し、妄に復飾を願い出るを制した。即ち、

神仏混淆不ㇾ致様、先達而御布令有ㇾ之候得共、破仏之御趣意には決而無ㇾ之処、僧分において妄に復飾之義願出候もの往々有ㇾ之、不謂事に候、若も他技芸有ㇾ之、国家に益得る義に而還俗いたし度事に候得ば、其願御取調之上、御聞届も有ㇾ之候得共、仏門に而蓄髪いたし候義は、不㆓相成㆒候間、心得違無ㇾ之様、御沙汰候事、

九月　行政官（上八七知恩院書簡留、続下三九〇太政類典）

右のように、政府は弁解につとめたけれども、一般僧侶の還俗、寺院の廃毀の勢いはやまず、二年五月、知恩院から伊勢山田辺僧侶の帰俗廃寺多きにより、愁訴に及んだ時にも、政府は「決而廃仏廃寺之御趣意不ㇾ被ㇾ為ㇾ在候条、」寺院に申し渡すべしと諭した（下三八二越智専明氏所蔵記録）。かようにして、一方には人心の動揺を懸念しながらも、他方においては、各地方における廃寺処分については、伺いのままに容易くこれを許可して居る。今多くの実例の中よりその一二を示せば、

二年四月、常陸志筑藩より、弁官に宛てて、滅罪（葬式）をも取り扱わず、祈願のみの寺で、殊に無檀無禄相続成り難く年来無住の寺院二十七ヶ寺の廃寺を伺い出た。これに対しては、「故障無ㇾ

之候はゞ、不レ苦候事」と指令した（続上二四九 太政類典）。

但馬出石藩においても、三年の初頃、寺院の廃合を断行した。これに対して、三月十八日を以て、知恩院より、京都留守官へ歎願に及んだ。その趣意は、朝廷においては、廃仏の御沙汰は在らせられず、心得違いを致さぬようにと、門末へ説諭し、何れも感佩致したる所、此度、出石藩において、寺門取り払いを命ぜられたるにより、この分にては、追々廃仏廃寺相成るべきかと恐れて居る、殊に本願寺日蓮宗の寺は従前通り建置かるる由、何卒、右両宗同様、浄土宗の寺々も、従来のまま存置せらるるようにせられたいというのであった。太政官においては、この趣を以て、出石藩に尋問に及んだ処、出石藩公用人の答申は、すこぶる振ったものであった。その趣旨に曰く、寺仏合併の義は、兼て伺いを出した節に、故障が無ければ苦しからずとの御沙汰を蒙ったによって、藩治並び宗門において、故障の筋無く、民情にも障りなきを以て、小院貧寺の分に合併申し付け、一向宗の如きも、取調べの上追々合併申し付くる積りである、然るに猶予願を出したのもあるけれども、これを聞き届けて居ては、銘々勝手を申し出で、時日遷延、時機を失い、改革を行い難くなる、合併の事は窮民の一害を除き、堂塔無用の冗費を省き、下民の為筋と考うるにより取り計らったことであるというのであった。五月十八日、弁官よりこの趣意如何にも尤もの次第であるから、この旨を以て、知恩院に説諭し、嘆願書は差し戻すべしと留守官へ達した（続下七九五 太政類典）。

右出石藩公用人の答申中に見ゆる太政官の沙汰に、「故障無レ之候はゞ不レ苦」とあるは、夙く二年四月常陸志筑藩への指令にもあることで、当局が多少民心に及ぼす影響を考慮に入れた跡を見るに足るべきものではあるけれども、その故障という事が、いかにも漠然たることで、藩において大した故障なしといえば、それまでである。既に出石藩の答申にも、「藩治並《ならび》宗門に於て故障の筋無レ之、又民情にも差障り無レ之」といえば、それで通って居るのである。かような調子で、廃合の勢いは益《ますます》進んでいった。

三年九月頃までは、各藩よりの寺院廃合の伺いに対して、ほとんどすべては、伺いの通りとあり、各藩の自由に任せて、何等の条件もなく、また何等の取締りもなく、監督もなく、本寺本山より、又は僧侶檀家法類などの愁訴は出るとも、大抵はこれを顧みず、廃合をその勢いの進むに任せておいた。これによって見れば、政府の方針は、人民に大なる動揺を起さぬ限り、各藩寺院廃合はむしろ、これを歓迎する意向であったらしい。

然るに三年十一月の頃より、この方針に多少の変更を起し、態度の上に著しき変化を来したことが認められる。その一例を挙ぐれば、

三年十一月十三日、平戸藩の伺に、藩内寺院二百ヶ寺あり、多きに過る、このままにしては、寺閣の修理、僧侶の施給に、人民の財用を虚耗すること少からざるにより、一村一ヶ寺と定め、その余はことごとく廃寺して以て、民間費用を省き、僧侶の徒食を減少したし、これについて廃存の寺院詳細取り調べ伺うとも、施行の際に至り、差支え生ずることもあり、必ずしも前定し難きによ

り、相済みたる上、明細届けることに致しては如何ということであった。これに対する指令に、「寺檀納得の上、本寺法類等事故無レ之上は、生活の道を得べき見込を立て、更に可二伺出一」とあった（続上九四一太政類典）。

かような例は、尚、丹後峯山・河内丹南・日向高鍋等の藩においても見られる（続上四六六、続下六五、続上九四四太政類典）。それ等によって見れば、指令の態度がすこぶる慎重になり、手続の鄭重になったことが著しく目に着くのである。尤も右の如く条件附きであるけれども、廃寺は適宜に許されたので、本寺法類寺檀事故なしというは、表向きのみになるものもあったであろうと思われる。然し以前の如く、伺い出でさえすれば、何でもかでも藩の自由に任せて、漠然とこれを許し、盲滅法に廃合することはなかったであろう。

かくの如く当局の態度が変ったのは、何故であろうか。これについて考えて見るに、恰もこの頃、民部省内に寺院寮が置かれた。これより先き、三年七月に、従来大蔵省に合併されてあった民部省を分ち置き、同八月九日に、民部省内に社寺掛を置いた。ついで閏十月二十日を以て、社寺掛を改め、寺院寮を置いたのである。この寺院寮を設けたことについては、島地黙雷等の建議が与って力あったといわれる。然しながら、必ずしもそれのみではあるまいと思われる。政府においても、当時寺院の事漸く繁く、特別官衙を置くの必要を感じて居たのであろう。また廃仏の事が至る所に起り、これについての歎願愁訴多くして、特に寺院に関する事件を取り扱うための役所を設くるの必要があったことと思われる。さてこの寺院寮を設けたのが閏十月で、十一月頃から寺院廃合に関する政府の態度が変ったとすれば、それはこの寺院寮設置の為めであろうと想わるるが自然であるが、これは必ずしも然りとはいえない。予の考えでは、寺院寮の設置と、態度の変化との間には、特に因果関係は無いと思う。即ち方針態度が変った為めに、寺院寮を設けたのでもなければ、また寺院寮を設けた為めに、態度が変ったのでもなかろうと思う。設置の趣意は、前にものべた通り、ただこの頃にわかに寺院に関する事件が繁多になり、廃寺に関する苦情等も多くなったが為めであろうと思う。この時に当り、各宗本山、殊に本願寺を始め真宗の諸派よりの苦情は、しばしば政府の耳に入った。本願寺の勢力については、当局はすこぶる憚る所があったらしいことは、前年東北地方における訛言について、特に本願寺並び真宗諸派に諭達を出して、信徒を訓諭せしめたことによっても知られる。尚また、元年十二月より二年四月に至る間、京都における諸宗同徳会盟、ついでまた東京において岩槻浄国寺徹定及び高野山明王院増隆等による諸宗同徳会盟の催さるるあり、この会盟は、二年四月に始まり少くも五年四月頃まで続いて居る。三年十一月の議案には、特に廃寺に関することもあり、これ等の建言歎願は、政府の反省を促すに効果少からざるものがあったであろうと思われる。されば政府においても、寺院廃合について、民心の不安、地方の動揺を来たしたことについて、相当注意を払い考慮を費して居たことであろう。そしてこれは何とか処置をしなければならぬと思うて居たに相違ない。而して政府をして、いよいよその態度を改めしむるに至った動機は、何処にあるかといふに、けだし富山藩の廃仏事件であろうと思ふ。富山藩の廃寺令は、三年閏十月二十七日を以て突然発せられ、迅速合寺を命じ、翌二十八日には既にほとんどこれを了し、その勢いは凄まじいものであった。十一月十日には、合寺の命を奉じて、殊功のあった大法寺に賞賜を下して居る。故にこの情報は、十一月の初めには、政府に達して居るに相違ない。この廃寺令は、従来他の諸藩において起ったのとは違い、政府へ届けも伺いもなく、その実行は惨酷で、人民怨嗟の声が高かった。十一月二十八日に、太政官布告を以て、府藩県において管内寺院廃止或は合併したる寺号宗派本末等取調べ、早々届け出づべしと令したのは、これが為めではあるまいか（続下一一一六太政類典、憲法類編）。十二月には、富山の専琳寺渡辺法秀は上京して政府に詣り、富山合寺令の苛酷なる所以を詳細陳情に及び、また両本願寺よりは、佐田介石、松本白華等が富山に派遣せられて、実況を検分して藩庁に談判する所があった（上八〇二、富山藩合寺之顛末）。中央政府へ恐らく交渉はあったであろう。十二月八日に東本願寺が、地方廃寺の事に依って、末派及び門徒を招集したのを戒め、今後諸国末寺ならび門徒の者に私に出京を申し付くる事相成らず、よんどころなき事情あって呼び寄せる時には、前以てその趣を地方官に申し出で、その許可を経べし、勝手に呼び寄せる事相成らずと申し渡し、西本願寺へもこの旨を達した（続下一一一七、太政類典、憲法類編、明治史要）。これは或は渡辺法秀の上京に関係あることかも知れぬ。何れにしても、廃寺について地方寺院人民の苦情多くして、政府が困惑した様子はこれに依っても察することができる。同じく十二月には、東本願寺より苗木藩における廃仏について歎願書を出して居る（続下三〇五 太政類典）。

ここにおいて、政府は十二月二十四日を以て、左の布告を発した。

今般寺院寮被レ置、追々御改正筋被二仰出一候条、於二各管庁一区々ノ処置致間敷事、

但無禄ノ寺院合併等、自今本寺法類寺檀共、故障有無詳細相糺シ、調へ書ヲ以テ可二伺出一事、（続下一一一 八憲法類編）

右の布告を以て、政府は寺院の廃合について、各地方庁において区々の処置に渉らざるよう、同一標準の下に決裁すべく、すべて伺い出でしめることとし、無檀無禄の寺院といえども、本寺法類寺檀の故障の有無を糺し、詳細取り調べしめることとした。即ちすべてにおいて、過激横暴に渉らざるよう、慎重の態度を採ることとなった。

前に述べた所の三年十一月十三日平戸藩の伺い以下数件において、政府の態度が変ったというのは、或はこの布告の出る前提であったかと思われる。或はまた十一月に、各藩より出した伺いは、その到着に要する時日、及び寺院においての合議決裁に要する時日を考えに入れて見れば、その指令は、右の布告と同じ頃に出たのかも知れぬ。とにかく、寺院寮設置とその時を同じゅうして、寺院廃合に対する政府の態度に一転機を劃したのは、廃仏に対する寺院僧侶人民等の苦情によって、多少反省する所のあった所へ、富山藩の廃仏事件がその態度変更の動機を与えたものであろうと思う。

かくてこの後寺院廃合に関する伺いについては、すべてこの方針によって処置せられた。即ち「人民ノ適宜ニ出、寺檀納得、本寺法類ニ故障無レ之、僧侶共授産ノ道モ相立候ハヽ、其時々伺之上可二取計一」とか、又は「威力を以て圧制しては必他日の弊害を生ずべし」などと指令し、無禄無檀無住の小寺にさえ本寺を糺し慎重に取り調べた上伺い出しめて居るのを見ても、その態度の穏健になった様子が察せられる（続下八一、同三三一、続上四〇三等太政類典）。然るに地方藩庁に於ては、政府のこの趣意を無視して、激烈な廃仏処置に及んだものもあった。松本藩の廃仏の如きは、その適切なる一例であり、三河大浜の騒乱の如きは、またその過激なる処置の生んだ結果であった。

松本藩の廃仏については、四年四月より五月にかけて、大仏智積院・増上寺・総持寺・本願寺等より歎願あり、その結果によるものか、政府より同藩に対して警告する所があった。松本藩よりはその後廃寺について、表向きだけは合法的に、住職等帰俗の願書等を添えて伺い出た。然し裏面には、強いて帰俗を勧誘している（続上三二四、同三一五、太政類典）。

富山藩の廃仏事件についても、四年正月に、東本願寺光瑩より歎願する所あり、三月に再び歎願書を呈した。依りて政府は、五月八日を以て、富山藩へ達書を以て、下情怨屈の聞えあり、不都合につき、更に穏当の処置方取り調べ、伺い出づべしと令し、またこの趣を本願寺及び東本願寺へ達し、更に東本願寺・錦織寺・専修寺・仏光寺等へ、達を以て、富山藩における事件は、兼ねて仰せ出された趣意と趣意と齟齬する所あり、朝廷においては、素より廃仏の趣意に非ざる旨を、門末に説諭せしめた（上八〇三、八〇九、続上四三六、続下一一一九、専福寺文書、摂信上人勤王護法録、太政類典等）。

かくの如く、政府が民心動揺を恐れて、その緩和に努めて居た態度は、認めなければならぬ。この後も、廃寺処分に対しては、なるべく急激の処置に出ないようにという政府の方針は、依然として持続せられた。

四年七月二十七日の布告を以て、民部省は廃せられ、大蔵省に戸籍寮社寺課を置かれた。同年八月八日に、神祇官を神祇省と改め、五年三月十四日神祇省を廃し、教部省を置き、大蔵省社寺課を廃し、社寺の事務はすべて教部省に属することとなった。

教部省設立後寺院廃合についての政府の方針は、いよいよ堅実を加えたように見える。即ち教部省設立と共に、同年三月、太政官より今般教部省を置かれたについては、社寺廃立等の事、総て同省へ差し出すべしと令せられた。ついで同月二十八日及び四月九日の布告を以て、神社寺院の合併に関する処分は、各地方官においてその事由を明細取り調べ、教部省へ伺い出づべしと令せられた（上九一四佐渡廃寺始末、続下一一二〇憲法類編）。然るに、地方においては、この趣意を誤解して、社寺廃合を取り調べて申し出さずしては、教部省の趣意に悖るかのように考えるものがあるという風聞があったので、五月に、本願寺光尊・東本願寺光瑩・専修寺円禔の三人連署を以て、意見書を差し出し、地方に於て区々の取計いにならぬようにしたいと申し出た。ここにおいて、省議により、六月十日付を以て、右は、強いて合併致すべしとの趣意ではない、無檀無住にて堂宇破壊し、又は小社小寺で永久取続の目途無き者は、諸般故障の有無を糺し、廃合の適宜を斟酌し、詳悉調書を以て当省へ伺い出づべしとの布達を出すこととした（続下一一二一社寺取調類纂、憲法類編）。

六年三月二十日、僧侶帰俗についての布達が出た。即ち、

僧侶帰俗之儀ハ、其本人親族並師僧本寺法類等之内、各戸長奥印ヲ以出願候ハヽ、其性行柔惰ニシテ、一宗之学術難二相遂一歟、或ハ帰俗産業之見込有レ之歟、篤ト事実取糺、支悟之廉無レ之候ハヽ、聞届置、追テ毎年十一月ヲ限リ、一同取纏メ当省へ可二届出一候事、（教部省布達全書）。

従来は、僧侶の帰俗は、その事情の如何をも問わず大いに奨励せられたのであったが、ここに至って帰俗の願は、濫りにこれを許さず、その取り扱いがやや着実になったことが窺われる。

同年八月三十一日の教部省布達を以て、寺院廃合出願には、本寺及び法類檀家の添書を以て出願せしむることとした。これは末派の僧侶、或は私議を以て廃合を願い出で、不都合の次第もあるにより、今後は法類檀家熟議の上、必ず本寺法類檀家の添書を添うべきこととし、無之《これなき》分は取り上げざることとした（続下一一二八太政類典、憲法類編）。

三年十二月以前において、法類檀家等の意向は勿論、本山の故障をも無視して廃合した時と比べては、実に雲泥の差であるが、同年十二月以後において、法類檀家本寺の故障がなければ、更に伺い出づべしと、形式一遍の漠然たる達を出して、その法の実際の効力如何を顧みなかった時と比べても、非常な相違である。

八年十月二十七日、太政官よりの達に、寺院廃合処分の件については、自今無檀無住は、各官庁にて取り調べ、その他は寺檀出願の上、何れも教部省へ伺い出処分致すべしと令せられた（上九三七佐渡廃寺始末、続下一一三六太政類典）。この時、教部省よりの伺い中に、「元来寺院ハ、寺檀共有物ニテ、廃合共一途寺檀ノ所願ニ任セ、決テ抑制可ㇾ致条理無ㇾ之」という一節があるが、僅か四五年の間に、当局の思想の変化の甚だしきには驚かされる。これは、この頃になって、一般に宗教当局者の頭脳も冷静になり、またその当局者の中に、宗教寺院を理解する者が多くなったが為めでもあろう。

以上を総括するに、明治三年閏十月に、寺院寮を置かるるまでは、廃仏は各地方において凄まじき勢いを以て行われた。而して政府当局は、これに対して、特に何等注意を払うことさえなく、廃仏の伺い出があれば、一般に概括的盲判的に許可の指令を与え、別に民情に差障りなければ宜しとして居た。然し、政府としては、この後にもしばしば弁明して居る如く、決して廃仏の主意でなかったことは確かである。但神祇官一部のものが、陰に陽に地方官庁の廃仏行動を助けて居たことはあったらしい。その事は、前に掲げた日光の廃仏事件について、木戸孝允が槙村正直に送った書状の中にも、「神祇官一時暴論之余波、却県庁ナドニモ残リ居候歟」とあるによっても察せられる。

当時神祇官には、白川資訓が慶応四年正月より、明治三年にかけて、神祇事務総督、神祇事務局督、或は神祇大副として居たが、これは旧神祇伯たりし縁故より任ぜられたることと思われる。この外、公卿にして神祇官に奉仕した人はあったけれども、何れもその家柄によってなったものらしく、特に注意すべきものはない。その神祇官の方針を立つるに与って力あったかと見るべきものは、亀井茲監《これみ》、福羽美静等の人があった。亀井茲監は、旧石見津和野藩主であって、慶応四年二月二十日に神祇事務局判事となり、二月二十七日同輔となり、ついで閏四月二十一日、神祇官副知事となり、明治二年五月十五日に罷めた人である。福羽美静は、慶応四年五月に神祇官判事となり、明治二年五月十五日神祇官副知事、同年七月八日神祇少副となり、四年七月五日神祇大副、同年八月九日神祇大輔を経て、五年三月十四日教部大輔となった人である。これ等の人が主動となって、神祇官の方針を動かしたのであろう。亀井・福羽はそれ自らの藩においても、盛んに廃仏行動に出た人である。この外には、慶応四年には平田大角鉄胤は神祇事務局判事であり、平田延太郎延胤は同権判事であった。（谷森善臣も権判事であった。この人は本居流の人である。苗木藩士青山景通（通称稲吉）も権判事であった。これは平田流である。これ等の人の考えが、廃仏に傾いたのは自然の勢いであった。かようにして、神祇官の排仏主義は、地方に大なる反響を与えた。地方の事務官、地方の神官は、得たり賢しと盛んに排仏行動に出たのである。

然るに三年末頃から、寺院寮の方針もやや穏健になり、個々の寺院について、廃合に関する事情を調べて届け出でしめ、関係者の差支え無きや否やについて注意を払うようになり、民心動揺を防ぐことにつとめた。五年三月に、教部省が置かれ、その後は一層着実になり、廃寺の手続も鄭重になり、一々本寺法類檀家の添書を付けて伺い出でしめるようになり、地方官又は僧侶の濫に断行することを防ぎ、すべてに寺院行政におちつきができたように見える。

翻って考うるに、明治初年頃における寺院の廃合は、ある程度までは必要なことであったかも知れない。寺院が過剰であったことは、ある点までは認めねばならぬ。唯その廃合が、明治二年三年の間は、勢いに任せて濫りに行われた所に、その弊があったのである。その結果は、間もなく寺院の復興を促すこととなった。

佐渡においては、はやく四年正月に寺院復旧の端緒が現れた。即ち廃寺の住職は、一時堂番と改称し、事務及び堂宇は従前の通となった。十年頃には、復興の気運大いに揚り、十昌年以後続々復興せらるるに至った（上九〇七、九四一、九五五以下佐渡廃寺始末）。

旧富山藩においては、三百十三ヶ寺を八ヶ寺に合併したのであったが、五年九月に、凡百二十ヶ寺余再建になり、八年九月に更に五十九ヶ寺の復旧を許された（続下四九一太政類典）。

壱岐においては、六年四月元浄土宗専念寺檀家総代より、同寺は一旦合併済になりたる寺なれども、遠隔の為め葬地に難渋するにより、再興を願い出で、長崎県より教部省への伺いを経て、八月二十九日教部省より聞届相成候様致したき旨伺いを出し、九月八日を以て伺之通と指令せられた（続下一〇四四太政類典）。

宮崎県においては、六年の頃、南禅寺の畠山可庭が県下を巡回したる時に、旧龍雲寺住職外二十数ヶ寺の住職より、寺院再興について、県庁表へ歎願の事を託せられ、その願書を携えて、県庁へ交渉に及んだ。県においても、事情を取り調べて、教部省に進達した。その結果「難聞届」ということになった。然しながら、当時とにかく再興気運の萌して居たことは知られる（続下一〇一六社寺取調類纂）。

茨城県においても、九年三月二十四日を以て七ヶ寺の復旧を見た（続下二七八太政類典）。

鹿児島においては、九年八月五日に、信仰自由の布達が出て、十一年頃には廃寺の復興を見るに至った（続上一〇五八、一〇八五薩摩の廃寺と其復興）。

福島県下では、十年七月二日に、旧八幡寺の再興が許された（続下三九三太政類典）。

越中専福寺は、十年十月十六日に再興允許の指令が出た（続下五二三太政類典）。

廃仏の激しかった隠岐及び土佐においても、明治十二年頃より、漸く廃寺復興の曙光を見るようになった（続上一〇〇〇隠岐の神仏分離事件の顛末、上一〇二二高知県史要）。かようにして、廃仏の嵐の跡始末がつけられたのである。

六　廃仏毀釈の原由

廃仏毀釈の原由は、その由来する所久しいものがある。その起因は、遠く江戸時代の初めより萌した復古思想に求めねばならぬ。江戸時代の復古思想は、神道、国学のみならず、儒学にも、芸術にも、医学にも、仏教の中にも、その気運澎湃たるものがあったが、廃仏毀釈に直接の影響を与えたものとしては、

（1）先ず神道復古を挙ぐべきはいうまでもないことである。然しながら、今ここには神道の復古思想を説くべき余裕がない。ただその思想の影響を受けた具体的の事実として、寛文延宝の頃に、夙く神仏分離の行われて居たことを挙示するに止めて置こう。その事実の一は、出雲大社は、大永天文の際に、尼子経久がこれを追営し、両部習合の神道によりて、大日堂・五重塔・輪蔵・鐘楼などを建立したのであったが、寛文四年松江藩主松平直政は、これを古制に復して造営し、堂塔・輪蔵等はことごとく境外へ移し、正殿式の御宮を建て、新たに文庫を建てて、神書及び和漢の群書を蔵め、寛文七年に至って全く成り、遷宮の式を行うた。林鵞峯は、為めに出雲国杵築大社再興記を草した。この文は鵞峯林学士文集に見え、また、この事蹟は、出雲私史及び松江の「藩祖御事蹟」の中にも記されてある。直政のこの事蹟は、恐らく神仏分離の初見であろう。

これについで、延宝六年には、紀伊の頼宣が領内若山の刺田比古神社における両部の習合を改めて、古に復し、唯一の神社とし、別当寺を止めたことが、紀伊続風土記に見える。

かくの如くにして、神仏分離の傾向は、神道復古の思想に促されて、夙く江戸時代の初期に萌して居たことが知られる。

池田光政は、寛文六年八月に、領内の吉利支丹請状即ち寺請証文を廃し、神職をしてその請状を書かしめることにした。その形式は、私儀代々何宗であって、何郡何村何寺の檀那であったけれども、この度儒道に志し、神道を学び、何月何日より仏法を捨てて儒道の祭祀を仕り、生所神を信じ申す故、何宮の禰宜の請状を指し上げ申し候というような意味のものである。この光政の処置は、一つには檀家制度の弊を矯めるための意味もあり、一つには僧侶淘汰・寺院整理の意味もあり、又一つには儒教奨励の意味もあることであるが、一方には又神道復古の気運の象徴であった。

神職の離檀問題の如きも、また檀家制度の弊を語ると共に、一面には神職の覚醒と神道復古の気勢を示すものであった。江戸時代における寺請制度において、人民は必ず檀那寺をもって居なければならぬ。その死亡の時に当って必ずこれを檀那寺に報じて、検屍を請けねばならぬ。これはヤソ教に対する取締りの上より出たことであるが、その檀那寺が、檀那を圧迫することがしばしばあった。檀那から寺への附け届けが不十分であると、何かに難癖をつけて、檀家を抑えつける。又葬式の時などに、御布施を強請《ゆす》って、それが十分でないと、葬式を延引せしめると云うようなこともしばしばものに書いてある。それは排仏論の中にもしばしば言及せられてあり、又具体的の実例は諸家秘聞集（一名寺町勘秘聞集）などの中に多く見える。

右は一般人民のことであるが、神職といえども、また同じく檀那として、何処かの檀那寺を持っていなければならなかった。然るに檀那寺が頻りに檀那を圧迫するに依って、僧侶を厭うと云う傾向が著しくなった。いわんや神職になると、その職掌上、僧侶と敵対の地位に立つと云うことは申す迄もないことである。そこで、この神職が離檀をしたい、檀家を離れてしまって、自分で神葬祭でやって行きたいと云う希望を懐くのは、自然の勢いであって、その実例がかなり沢山あるのである。夙く享保年間に京都上賀茂神官の間において行った事実があり、ついで安永二年に、土浦藩神主禰宜二十八名連署を以て神葬祭願を同藩寺社役所に提出したのに対し、藩内寺院有志二十箇寺連署抗議を呈したが、結局神職側の勝利に帰し、神職当人ならびに嫡子に限りこれを許されることになった（歴史地理七十巻の六、児玉孝多氏賀茂清茂伝、史学雑誌四十一編の九市村其三郎氏神葬問題とその発展）。これに次いでは、天明五年に、阿部備中守の福山藩において起った。その後、寛政享和の頃にもあり、ついで文化二年に書かれた神道宗門諸国類例書によれば、当時、加賀領・会津領・備前領・紀州領・伊勢桑名・同亀山・但馬村岡・同豊岡・美作・越後新発田・武州秩父・榛沢郡・多摩郡・江戸亀戸・甲斐都留郡・摂州西成郡・伊予今治・信州松代・常陸水戸・周防・長門の諸国において、神職の神葬祭が行われたとある。また文政六年に書かれた「神道岩つゝじ」によれば、甲斐・紀州領・加州領・備前領・会津領・南部領・津軽領・小倉領・二本松領・桑名領・美作領等の例を載せて居る。これ等によって見れば、文化文政の頃には、この気勢は、ほとんど全国に漲って居たと見える。天保十年より弘化二年に亘って、石州浜田領内に起った神職離檀の問題を、詳かに記せる竺邪離放録を見れば、その頃における神職の自覚の如何に著しくなったかが察せられる（拙著日本仏教史之研究続編所収神職の離檀問題について）。

（2）国学の勃興　これが根本思想の上に廃仏を促したことは、特に説明を要せぬことである。今試みに各地方において行われた廃仏実例の内、具体的に国学者がその事に携わった二三の例を挙げて見よう。

イ、熱田においては、神仏分離に伴う蛮風は容赦なく吹いたのであって、神宮にある経巻の如きは、大抵焼き棄てられた。その中に、一色満範入道道範が神宮寺に施入した法華経があった。道範は三河吉良荘の出身で、応永の頃、若狭守護となった人である。その施入にかかる法華経は紺紙金泥の燦然たるものであったが、これをむざむざ焼き棄てることを惜しみ、寺僧がその奥書のみを切り裂いて、密かにこれを蔵し、後に神宮寺の一坊不動院に納めたのが今に残って居る。

この熱田においては、当時名古屋の藩校に本居宣長の門人である植松茂岡といえる人が居た。神社には、やはり本居の門人で、林相模守美香という人が居た。これ等が神仏分離の主動者となった。

ロ、百姓僧侶の大騒動を起した三河菊間藩における廃仏の主張者少参事服部某は、廻瀾始末によれば、若き時より平田篤胤の門に入ったものであるという。

ハ、相模大山は、夙くより平田篤胤の学風が入りこんで居た。篤胤の古史伝に、高靇《たかおかみ》神祭の条に、相模国大住郡阿夫利神社もこの神なるべしとあるを見て、感激したものも少くなかった。文化十一年に、御師の守屋稲穂は平田門人となった。これよりその学風が大いに行わるることとなり、御師等相競うて門人となった。実は鉄胤の門人となったのである。即ち平田門人が、須藤内丸・内海巌・長野穂波・増田稲麿・神崎富江・逸見民衛・山田足穂等十一人あった。嘉永二年に須藤内丸は阿夫利神社古伝考一冊を撰し、平田鉄胤の序を請うて流布した。この書は阿夫利神社の祭神は大山積神なりと考証したものである。

ニ、武州御岳においては、幕末に御師仲間に国学の講習が行われ、復古思潮はこの山間にも横溢した。御師三十余人の内一人二人は、国典を解釈する者もあった。天保五年の頃、秩父の斎藤義彦という者が来て滞留して居た。その著作「御岳すけ笠」は、当時滞留中に草したもので、御師等は交々この人について教えを受けた。明治の初めには、林甕臣が来て、和歌の講義を開き、御師の内に教えを受けた者が多かった。甕臣は本居の流を汲んだ学者である。明治の初め、神仏混淆を禁止し、神仏習合ということはないということを聞いて、神主御師は斎藤義彦等から聞いて居たことが全く事実になったと思い、自ら奮うて神社にある仏教の図像堂舎を撤去した。

ホ、美濃苗木藩には、前にものべた所の青山景通（通総稲吉）が居た。景通の長男に佐次郎直道というものがあって、藩の大参事であった。これまた平田門に束修を納めた人である。この父子が藩主に建議し、明治三年春、藩主以下藩吏挙《こぞ》って平田門に束修を納れて、神道を奉じ、これと前後して、藩内一般に廃仏帰神を説諭せしめたのである。

へ、松本藩においては、仏葬を廃し神葬式に依らしめ、葬事略記を一般に読ましめた。この葬事略記は国学者角田忠行の著である。角田は佐久の人で、平田の門人であった。

ト、諏訪には、幕末の頃に社人の内に神典の研究に志したものがあった。上諏訪の松沢義章と云う者が、平田篤胤の学風を慕い、社人等にその説をひろめた。下諏訪の大祝金刺振古は国学を興すことをつとめ、当時国学者漢学者の来遊する者があれば、喜んで迎えた。飛騨の人田中大秀、上野の人飯塚久敏、薩摩の人金内角蔵等が、社人等に国学漢学を講義したことがある。

チ、出羽羽黒においては、維新当時、出羽神社の新任の宮司西川須賀夫は、荒倉神社の土岐信風等の加勢を以て、大いに仏教を排撃した。信風は平田篤胤の門人であった。

リ、隠岐においては、前にも記した如く、西郷港に松浦繁太郎、後に改名して荷前という た人が居た。野々口隆正・足代弘訓等の学風を慕い、常に書状を往復して居たという。この荷前等が仏教排斥の主力となったのである。右の野々口隆正は、津和野の藩士今井秀馨の子で、平田篤胤の門人であった。

ヌ、鳥取藩には、本居の流を汲む飯田年平・門脇綾雄・佐々木喜蔭・小谷融等の人々が居た。これ等の人が主となって、伯耆大山その他において廃仏毀釈を行うたのである。

ル、石見津和野の藩学を養老館といい、従来他の諸藩の藩学の如く、専ら漢学を講じて居たが嘉永二年に、藩主亀井茲監が大いに改革し、国学・漢学・礼式・数学・医学を講ずることとした。殊に国学を重んじ、出雲の千家清主の門人岡熊臣と云う人を教授に任じた。この人は本居宣長の孫弟子で、藩学に入って専ら国学を講じた。次に平田篤胤の門人野々口隆正を教授に任じた。そこで一藩に国学の興隆を見るに至った。藩主は福羽美静等に命じて、寺院を処理せしめ、藩主始め一藩の葬祭は神道によることとした。

ヲ、土佐藩において、廃寺の衝に当った北川茂長も、また本居平田の学説を奉じて居た。浜田八束は平田鉄胤の門人で、神仏分離の際少属となり、神祇改正掛を命ぜられた。近重八潮彦はまた本居の学を奉じ、浜田八束と共に神祇改正掛となって、分離実行の事に当った。

ワ、鹿児島においても、夙くより平田篤胤の学風が流行して居た。慶応元年に僧侶不用仏教排撃の説が出たのは、その為めであった（以上イ－ワすべて明治維新神仏分離史料に拠る）。

以上を総括して見るに、国学の影響という中にも、平田篤胤の学風が殊に大なる勢力をもって居たようである。この外、純国学というではないが、水戸学もまたもとより大なる影響をもっていたのである。江戸時代の末に、外国交渉の問難喧しく、国防論の盛んなるに当り、梵鐘鋳換の太政官符が現れ出た。これは水戸斉昭の宿論を実現したものであった。富山藩において、仏像梵鐘仏具等金属品は鋳潰し、銃砲製造の料としたというのも、また水戸学の影響と見るべきであろう。薩摩の廃仏も、また水戸の廃仏に共鳴したもので、寺院の梵鐘を鋳潰し、大砲を造ったのは、正にその例証である。

右の如くして、国学の勃興は、神官に刺激を与え、覚醒を促した。今まで各神社において、社僧の下に抑えられて居た彼等は、にわかに頭を擡げ始めた。ここにおいて、社僧と神官との軋轢は至る所に現れた。その実例の若干を挙げて見るならば、

一、京都北野神社には、上に別当があり、これは天台の曼殊院門跡が任ぜられる。その下に松梅

院・徳勝院・妙蔵院という祠官三家あり、次に目代春林坊あり、その下に宮仕というものが三十二坊あった。社人即神人というものは、二十四家あった。この内宮仕の諸坊の社僧が社人を侮蔑したことは甚しいものであった。祭会の時に、社僧が社人の列座する場所へ灯油を流して置いて、社人の浄衣が汚れるのを面白がったり、社人が立て掛けておく榊を倒して興がったりしたので、社人は憤懣したが、如何ともすることが出来なかったという。

二、 石清水には、もと社僧四十八坊があった。然し漸く廃絶したけれども、尚幕末には二十三坊あった。その内山上の豊蔵坊瀧本坊などは、すこぶる壮大のものであった。神職は皆山下に住したもので、凡そ百戸ばかりあった。これには社領の分配が極めて少かったから、何れも貧窮であった。幕末の頃には、山上の社僧と、山下の神職とは常に協和せず、山下の神職等は、いつも憤慨して居たが、ついに立ちて、本社の改革を計画するようになったのである。

三、 日吉山王においても、神官樹下茂国等は、年来社僧の下に立ち、下役に使われて居たのを憤慨して居たが、神仏混淆禁止の令出るや、年来の鬱憤を晴らさんが為めに、にわかに起って廃仏の暴挙に出たのである。さればその頃出た太政官布告にも、

旧来社人僧侶不相善氷炭の如く候に付、今日に至り、社人共俄に権威を得、陽に御趣意と称し実は私憤を晴し候様の所業出来候ては、御政道の妨げを生じ候のみならず、紛擾を引起し可申は必然に候、

とある。

四、近江多賀神社において、その神主禰宜が、慶応四年四月大津裁判所より、犬上郡中社家触出しを仰せ付けられた時の請書にも「自今犬上郡中社家触出し被為仰附候儀、冥加に相余り、難有謹而奉畏候。右は徳川氏已来之醜政に而、浮屠輩之為に圧倒せられ、私共儀、旧格取失ひ、有名無実之身分と相成、旦夕落涙悲歎之外、更に無他事、列座罷在候所、意外出格之奉蒙御沙汰候段、全く往昔之社格、漸々及衰廃候儀深被為聞食分候故と、社家一統重畳難有仕合奉存候。」とある。ここにも社家と僧侶の軋轢、社家の擡頭を示して居る。

五、名古屋東照宮別当神宮寺を、尊寿院という、明治三年廃せられたが、その神官を吉見という、吉見家の家訓に、御城その外家老等の邸へゆくに、その家の門番は、別当には下座し、祠官吉見には下座しないとある。別当と祠官の権威に甚しき高下のあったことが知られる。これでは神官の憤慨するものも尤と思われる（名古屋市史）。

六、伊豆三島神社の別当に、愛染院というのがあって、高野山の末寺で大いに勢力があった。然るに夙く寛政の頃に、神主が別当以下社僧の横暴を憤り、これを懲さんとし、幕府に出訴して、紛争したことがあった。その後神官等は、漸く勢力を得て、社僧は次第に閉息したという。

七、相模大山神社には、幕末の頃、御師が百人計りあって、いずれも社僧に対して不平を抱いて居たのであるが、直接には何等の手段も取らなかったが、ひそかに京都の白川家に至り、不平を訴えて居た。当時これを白川出入と称し、社僧は尤も悪《にく》んだもので、数々これを制止した。それで常に闘著が絶えなかった。明治元年三月布告で、神社は信徒の手から離すべきものとなった。御師等はこれを聞いて、驚喜した。積年社僧に対する鬱憤が一時に晴らさるる心地で、今後は全山が自分等の手に帰し、社僧に替って支配することとなったと云うので、感激の極、啼泣した者もあったとの事である。

八、信濃諏訪においても、社人等は国学漢学を研究するに随い、自ら仏教を排撃する思想を養い社僧社人の間は親和を欠いて居た。しかしながら、社僧は大いに勢力があった、一寺の住持は、いずれも僧侶の官位があったから、社人の上位であった、社僧社人列座の時は、社人は軽蔑せられたので、社人は常に列座することを厭う状であった。諏訪藩は、常に社僧に加担する傾向があった、社人等が国学者漢学者を招いて、国学漢学の講義を聞くことを喜ばず、それで社人等は益《ますます》鬱勃の情があった。当時下宮の神宮寺の屋上に、火矢を放った者があったが、これは社人が神宮寺の社僧を憎悪の余り、堂舎を焼こうとしたものであると風聞せられた。この一事で、当時の状況が想察せらるるのである。やがて神仏分離の令が出たときには、社人等は踊躍して喜び、仏教関係の堂塔器具等も撤去せんとした。しかしながら、一藩の人民は自ら進んでその事に当ろうとしないので、社人等は小社人を京都に上ぼせ、その実行に関して訴えたので、観察使富饒夫《とみにぎお》と云う人が来たり、その実行を督励することとなった。富饒夫と云う人は、出雲の人で、極力仏教を排撃した。上宮下宮共にこの人の督励により人夫を使役し、仏教関係の堂塔器具等を撤去することとなったのである（以上一—八すべて明治維新神仏分離史料に拠る）。

かような例は尚全国到る所に見出されるであろう。かくの如くにして神仏分離は容易く実行せられたのである。

（3）排仏論の影響　これまたここに扱うには、問題があまり大きに過ぎるを以て、ただ項目として挙げるに止めておく。排仏論は、儒学の学説より出たものもあり、または国家経済の上より出たものもあり、更にまた前二項にのべた神道者・国学者の側よりした排仏説がある。それ等の論議は、夙く江戸時代の初め、藤原惺窩の頃より起って居る。二百数十年間、幾十百人の学者経世家によりて蓄積せられたその思想は、やがて維新に及んで爆発したのであった。

（4）形式文化の弊　これは今の廃仏問題にのみ関したことではないが、根本において、仏教が、江戸時代の他の文化の諸相と同じく、形式に堕したということも、廃仏の気運を促すに力あったことである。神仏調和・神仏習合もまたその片割れとして、同じく形式に堕して、その信仰はほとんど生命を失ったのであった。これ神仏分離が燎原の火の如く、全国を風靡した一の原因であろう。

（5）僧侶の腐敗堕落　この傾向は、古く室町時代より萌して居ることであり、一般に仏教衰微の兆候が現れ、民心離叛の情勢が著しくなり、僧侶及び寺院に対して、一種の軽侮を以て見るような傾向が現れて居る。それが江戸時代になって、益《ますます》盛んになって居る（詳細は拙著日本仏教史之研究続編参照）。

前にのべた天保より弘化に亙り石州浜田における神職離檀問題に関して、神職方より出した神葬祭願立趣意書の中にも、僧侶堕落の状を詳かにのべて、破戒無慚の事実を挙げ、今の住僧共は酒屋から酒を買い、または大切なる寺領の納米、或は檀那から納める所の供養の棚料、先祖の忌日の斎米などは、大抵酒桶にぶち込んで手酒を造り、僧俗男女会合して、何の遠慮もなく、手を叩き小唄を歌い、昼夜酒宴を催して居るような有様である。又仏事回向の供養に出された所の米銭を以て、困窮の後家や娘を釣り出して、それを寺に隠して置いて女犯し、又人の妻を犯し、邪淫放蕩を極めて居る。そうして寺の檀那と云えば、大小となく奴僕の如く召し使って、後家や娘を自由自在に呼び寄せて、昼夜差し置き、女犯破戒無慚の僧となって居る者が少くないとのべて、その実例を挙げ、更につづけて、当時の僧侶共の身持ちは甚だ宜しくない、近来授戒供養等に取り立てた金銭を以て遊所に至り、医者の真似をして長羽織を着て、大小を横たえ、肉食女犯妄語大酒いたして、常に婦女を大黒と名付け、鮹《たこ》を天蓋と称し、酒を般若湯と言い、鯖を法華経と言い、烏賊を海笋子と言い、蒲鉾を千ヶ寺と言い、鯛を麻木と言い、鰣を間引菜と言い、それぞれ隠語をつけて、放埒乱酔不行状の僧が多いとのべて居る。

以上列挙した五ヶ条の原因は、それぞれ互に因となり果となり、相錯綜して、以て廃仏の気運を醸成したのである。かような素地を成した処へ、維新当時における革命心理とも称すべき旧物破壊の蛮風が吹き荒んで、廃仏毀釈を捲き起したのであった。

旧物破壊の蛮風は、一には維新当時行われた実利主義の影響であった。改革の気運に促されて歴史的伝統的のものを排斥し、旧物としいえば、その価値の如何を問わず、これを破壊し去った。美術も建築も、多くその改革の美名の下に蹂躙せられた。ここにその実例若干を挙げてみよう。

（1）興福寺の五重塔が明治初年に、入札を以て払い下げられ、金二十五円で落札した。その評価の標準は唯その金具にあったのである。これを払い受けたものは、かの大建造物を解き崩さんには、非常の手数と費用とを要するを以て、先ず火をかけてこれを焼き払い、後に残るべき金物の値段として、二十五円と見積ったのだという。然るにこれには近傍の民家より火災の虞れあるによりて、抗議が出て、ついに沙汰止みになり、幸いに今日に保存せられて居る。食堂の如きも破壊せられて、その阯にその材木を以て寧楽学校というのが建てられたが、暫くにして廃した。

（2）今は一巻数千円ないし数万円にも及ぶ天平写経が、明治初年頃には奈良においては、数十巻荒縄を以て束ねられ、古物屋の店頭に一束五円の札がついていたという（以上二件は奈良故老の談による）。

（3）姫路城は秀吉中国征伐の時の本営となり、後、池田輝政がここに封ぜられて、五重の天守閣を築き中国の重鎮となり、城廓建築としては各種の点において標本的のものであり、白鷺城の名は天下に鳴って居る。この天守閣が維新の初めには払い下げられて、金百円を以て落札した。然るにこれを払い下げたものは、その取り崩しの費用の莫大なるによって願い下げをして、そのまま沙汰止みとなった（予の叔父の実話に拠る）。

（4）彦根城の天守閣は、維新の際に七百円で売り払われた。かくてまさに解体せられんとするに際し、恰も明治天皇の同地方御巡幸の事あり、彦根城へは特に大隈重信を差遣せられた。大隈はこの解体の事を聞き、あたら名城を失わんことを惜しんで、その旨を奏上し、御手許より若干金の御下賜に与り、これを保存することとなったという（明治二十八九年頃読売新聞）。

（5）大和高取城を五百円に払い下げたことがあるという。

（6）芝増上寺並びに上野寛永寺にある徳川氏の廟の焼き払い説が起ったことがある。これは一つには、徳川氏に対する嫌悪の情より出たものであろうが、また旧物破壊の風に逐われたのでもある。然しこの時には幸いにして焼かれずに済んだ。

（7）本所の百観音を薪にして、その金箔を取ろうとしたことがあるという。

（8）鬱蒼なる上野公園の樹木を全部伐り払って、金八百円に払い下げようとしたことがあったという。

（9）八代将軍吉宗が植えしめたという今の宮城のお濠土手の老松が、金二百円に代えられて、燃料にせられようとしたことがあるという。

（10）伊豆天城山の大森林が一万円で売られようとしたことがあるという。

（11）明治四年の頃に電線を引くのに不便だというので、東海道名物の並樹の松を伐り払おうとして、まず横浜小田原間から始めた。これを見たジャパン・ガゼット新聞が、夏は日蔭となり、冬は風雪を防ぎ、且つその美観旅情を慰むるに足るべきものを、さりとては没風流なりとて笑ったことがある（「解放」明治文化研究号）。
（12）吉野山の桜が伐採せられようとしたことがあるという。
（13）大阪浜寺公園の松を伐ろうとしたことがあるという。
（14）鎌倉大仏を外国へ潰しの値段で売ろうとしたことがある（ベルツの日記）。
（15）名古屋城を無用の長物だというので、金鯱はこれを毀って他の用途に充て、城内の建築物はこれを壊して修復の費用を省こうとし、明治三年名古屋藩より上書請願したが許されなかった（名古屋史要）。
廃仏毀釈もまた右のような風潮に引きずられたのであった。

土屋詮教（つちや・せんきょう）

1872年生、1956年歿。仏教学者。早稲田大学卒。著書に『日本宗教史』『大正仏教史』などがある。

辻善之助（つじ・ぜんのすけ）

1877年生、1955年歿。歴史学者。東京帝国大学文科大学卒。著書に『田沼時代』『日本仏教史』（10巻）『日本文化史』（11巻）などがある。

明治仏教史概説　廃仏毀釈とその後の再生

刊　行　2017年8月

著　者　土屋　詮教

　　　　辻　善之助

刊行者　清 藤　洋

刊行所　書 肆 心 水

135-0016 東京都江東区東陽 6-2-27-1308

www.shoshi-shinsui.com

電話 03-6677-0101

ISBN978-4-906917-71-6　C0015

乱丁落丁本は恐縮ですが刊行所宛ご送付下さい

送料刊行所負担にて早急にお取り替え致します

他力の自由　浄土門仏教論集成　柳宗悦著
A5上製　三五二頁　本体六九〇〇円＋税

仏教美学の提唱　柳宗悦セレクション
A5上製　三二〇頁　本体五二〇〇円＋税

柳宗悦宗教思想集成　「一」の探究　柳宗悦著
A5上製　四三二頁　本体七二〇〇円＋税

現代意訳　華厳経　新装版　原田霊道訳著
A5上製　三〇四頁　本体六四〇〇円＋税

現代意訳　大般涅槃経　原田霊道訳著
A5上製　三〇四頁　本体六四〇〇円＋税

維摩経入門釈義　加藤咄堂著
A5上製　三五二頁　本体六九〇〇円＋税

仏教哲学の根本問題　大活字11ポイント版　宇井伯寿著
A5上製　二八八頁　本体五四〇〇円＋税

仏教経典史　大活字11ポイント版　宇井伯寿著
A5上製　二八八頁　本体六三〇〇円＋税

東洋の論理　空と因明　宇井伯寿著（竜樹・陳那・商羯羅塞縛弥著）
A5上製　三二〇頁　本体五九〇〇円＋税

仏教思潮論　仏法僧三宝の構造による仏教思想史　宇井伯寿著
A5上製　三五二頁　本体六三〇〇円＋税

禅者列伝　僧侶と武士、栄西から西郷隆盛まで　宇井伯寿著
A5上製　二八八頁　本体六三〇〇円＋税

インド哲学史　宇井伯寿著
A5上製　二八八頁　本体六七〇〇円＋税

清沢満之入門　絶対他力とは何か　暁烏敏・清沢満之著
A5上製　三八四頁　本体六九〇〇円＋税

華厳哲学小論攷　仏教の根本難問への哲学的アプローチ　土田杏村著
A5上製　一六〇頁　本体二七〇〇円＋税

仏　陀　その生涯、教理、教団　H・オルデンベルク著　木村泰賢・景山哲雄訳
A5上製　三八四頁　本体六五〇〇円＋税

仏教統一論　第一編大綱論全文　第二編原理論序論　第三編仏陀論序論　村上専精著
A5上製　三五二頁　本体五七〇〇円＋税

綜合日本仏教史　橋川正著
A5上製　三八四頁　本体六八〇〇円＋税

日本仏教文化史入門　辻善之助著
A5上製　二八八頁　本体六四〇〇円＋税

和辻哲郎仏教哲学読本1・2
1　A5上製　三八四頁　本体四七〇〇円＋税
2　A5上製　三八四頁　本体五七〇〇円＋税

語る大拙1・2　鈴木大拙講演集　1禅者の他力論　2大智と大悲
各　A5上製　三二〇頁　本体六四〇〇円＋税